与孩子一起成长

青少年生命教育家长手册

石显富　李秀兰
主编

中国发展出版社
CHINA DEVELOPMENT PRESS

图书在版编目（CIP）数据

与孩子一起成长：青少年生命教育家长手册 / 石显富，李秀兰主编. —北京：中国发展出版社，2022.5

ISBN 978-7-5177-1280-0

Ⅰ. ①与… Ⅱ. ①石… ②李… Ⅲ. ①生命哲学–青少年教育–家庭教育–手册 Ⅳ. ①G782-62

中国版本图书馆CIP数据核字（2022）第056043号

书　　名：与孩子一起成长：青少年生命教育家长手册
著作责任者：石显富　李秀兰
责 任 编 辑：王　沛
出 版 发 行：中国发展出版社
联 系 地 址：北京经济技术开发区荣华中路22号亦城财富中心1号楼8层（100176）
标 准 书 号：ISBN 978-7-5177-1280-0
经　销　者：各地新华书店
印　刷　者：北京市密东印刷有限公司
开　　本：710mm × 1000mm　1/16
印　　张：14.5
字　　数：176千字
版　　次：2022年5月第1版
印　　次：2022年5月第1次印刷
定　　价：49.00元

联 系 电 话：（010）68990630　68990692
购 书 热 线：（010）68990682　68990686
网 络 订 购：http：//zgfzcbs. tmall. com
网 购 电 话：（010）88333349　68990639
本 社 网 址：http：//www.develpress. com
电 子 邮 件：370118561@qq. com

本书编委会

主　　编：石显富　李秀兰

副 主 编：胡光熠　李　文

执行主编：武凤鸣　宋　雪

编　　委：白　晔　张景芳　李　月　顾　克　向　阳

李晓彤　石　伟　韩　磊　康爱农　李　炬

编者的话

生命是一条蜿蜒而美丽的河流，在它不断向前地流淌中，有着从冰山怀抱中崭露头角的潺潺细流，有着穿越峡谷势不可挡的汹涌澎湃，也有着心向大海安逸祥和的波光粼粼……最终，它演奏了生命之河的动人交响。而生命教育既是这条河流的起源，也是它的归宿，它让每一个人能够看到这条河流的全部，不因暂时的停滞而沮丧，不因一时的困顿而迷茫，它让我们更有智慧地去面对生命长河苍劲有力的流淌和延续……

为此，我们在《生命教育读本（学生版）》的基础上，联合未成年人心理健康辅导站工作人员及一线教师，结合过往遇到的学生危机案例和专业理论知识，精心编写了《与孩子一起成长：青少年生命教育家长手册》一书，旨在为更多的中小学家长提供指导孩子开展生命教育的科学知识和可操作技术。

全书共分为两章。第一章从理念方面向家长传递“家长的生命观对家庭教育影响深远”，在这里可以了解积极的视角、教养风格的不同对孩子成长的影响，也可以学会如何营造家庭氛围、如何陪伴孩子慢慢长大，这些内容是家长的自我成长；第二章从具体的方法入手，指导中小学家长积极应对生命成长中不同年龄段孩子的关键事件，如青春期的亲子沟通、帮助孩子拥有抗挫折能力、指导孩子处理同伴冲突与矛盾等，这些话题涉及情绪、压力、入学适应、人际交往等方面的内容，是对孩子可操作的实际指导。

家庭是开展生命教育的一片沃土。因此，我们希望能够通过这本书，与家长朋友共同探讨生命的内涵，拓宽教育视野；能够让更多的孩子理解生命、珍视生命、拓展生命，以更积极健康的姿态面对生命的成长。

学习、成长——让我们一起携手同行，共同为孩子的生命之河注入美好和幸福！

编委会

2022 年 1 月 26 日

生命教育——从生命谈起

⊙ 武　瑞

关于生命

生命之于人有且仅有一次，它弥足珍贵，也十分独特。每一个人应该怎样对待自己的生命，对待他人的生命，是每个人都应该关心并思考的问题。

中西方哲学关于人的生命的思考源远流长，关于人的生命的自然属性、精神属性、社会属性的探讨从未止息。这些探讨或执着于生命的自然存在，或执着于超越自然的精神存在，抑或执着于牺牲自我生命的社会存在，都从不同的角度深刻地阐释了个体生命的本质。马克思从历史唯物主义角度出发，从实践的，社会的，历史的观点诠释了生命的内涵，马克思认为人的本质是自由的有意识的活动所结成的一切社会关系的总和。这一关于人的诠释既强调了人的自然属性，又强调了人的精神主动性及社会属性。

人的生命首先是自然的存在，敬畏生命是人存在的根本。从出生到成长到衰老死亡完全遵循着自然的规律，这是人自然生命的基本轨迹。一切妄图改变生命自然轨迹的行为都是徒劳。尊重规律、敬畏自然、敬畏生命是生命个体存在的根本前提。

人的生命同时也是精神的存在，发展生命是人之所以为人的本质特征。虽然人的生命轨迹是自然决定的，但是有限的生命同时也是鲜活的、多样的、个性化的存在，可以产生无限的意义。人可以通过主观能动性、通过实践去丰富个体生命，让个体的精神生命得以丰富、得以精彩、得以延伸。如果说人的个体生命轨迹是人类无法改变的自然规律，那么人的精神生命就是可以自由创造的精神家园。

人的生命更是社会的存在，人从出生起便处在各种社会关系之中，人是一切社会关系的总和，社会性是人之所以为人的重要属性。人的价值不能脱离社会价值而存在，因此，与社会和谐共生，同样是每个生命个体应该追求的目标。每一个个体都应该尊崇相应的社会价值观，追寻社会生命的完善，让个体生命融入社会生命。

关于生命教育

有人的地方就有教育，生命是教育的起点，也是教育的终点。生命关怀是教育的根本出发点，教育就是关照生命的成长。

生命教育的历史追溯，学术界普遍认为是由美国 J.Donald Walters（杰·唐纳·华特士）于 1968 年正式提出，随后扩展至世界各地。其实更早之前，一些教育家的教育思想中便蕴含着生命教育的理念，比如著名教育家蒙台梭利就曾提出“教育的目的是帮助生命的正常发展，教育主张生命发展的一切作为”。

在我国，关于生命教育也早有论述，我国著名教育家陶行知先生就曾提到过：“生活教育与生俱来，与生同去。出生便是破蒙，进棺材才算是毕业，学习为生活，生活为学习，只要活着就要学习。”陶行知先生的生活教育中便孕育着生命教育的基本理念，即关于生死与教育的探讨。

综上所述，关于生命教育，我们认为：生命教育首先应该尊重规律、尊重自然，生命教育就是回归生命。著名哲学家、教育家卢梭曾说：“人最初的感情是对自己的存在的感情；人最初的关怀是对于自己的生存的关怀”，又说：“人的首要法则就是要维护自身的生存，人性首要的关怀就是对于自己生存的关怀”。生命教育就倡导顺应儿童天性的发展，以儿童身心发展的自然秩序为基础，关心儿童、尊重儿童。正如卢梭所言：“每一个人的心灵都有它自己的形式，必须按它自己的形式去指导它；必须通过它这种形式而不能通过其他的形式去教育，才能使你对他花费的苦心取得成效。”

生命教育应该尊重个性，尊重多元，教育的根本问题就是解决儿童生命经验成长的问题。每一个个体都是独特的存在，生命教育是为了发展生命，让生命更加丰富多元。陶行知先生曾说：“活的教育，就像鱼到水里、鸟到树林里一样，首先要承认孩子是活的，要按照学生的心理发展水平进行教育。”活的教育就是尊重个性，根据学生的个性开展因材施教，充分挖掘学生的个性及潜能，因为只有个体生命自由而充分的发展，才能培养健全人格的人。

生命教育应该尊重他人，尊重社会。每一个个体生命的意义都是在与他人、在与社会发生联结的时候产生的。教育关乎培养什么人、怎样培养人、为谁培养人这一教育工作的根本问题。在我国培养德智体美劳全面发展的社会主义建设者和接班人，是教育工作的根本任务。

生命教育最初源于对死亡教育的探讨。如何认识死亡，面对死亡，是生命教育的主要议题之一。生命教育应该科学地认识死亡、直面死亡、尊重死亡。生命诚可贵，爱护生命、发展生命、丰富生命、直面生命，是每一个生命个体一生都要修习的功课。

在中小学教育实践层面，关于何为生命教育、如何开展生命教育、生命教育的课程构建、生命教育的实施评价等问题还没有形成统一定论，还处于探索阶段。本书就旨在从实践层面去思考中小学生在生命成长过程中遇到的一些关键事件及解决办法，关照亲子关系，关照孩子们的生命健康成长。

目　录

第一章　家长的生命观对孩子成长影响深远

在养育子女的过程中，父母如何觉察自己的生命观，挖掘孩子的优势？本节将带您走进“多元智能”的世界，助力您通过科学的方法了解孩子的独特性，发挥孩子的优势，实现他们的自我价值。

以积极的心态看到孩子身上的优势和长处，可以促使孩子在生命旅程中获得更为健康的发展。本节将为您介绍发现孩子优势、增强孩子自信的方法与技巧。

家长的教养风格对孩子的性格特质、行为习惯、心理健康程度以及与父母的亲子关系等诸多方面有着重要的影响。本节将帮助您了解自己教养风格的类型及特点，为您提供改善教养风格的建议，助力您和孩子的共同成长。

当孩子步入青春期，他们开始注重与异性同伴的交往。父母如何给他们以正确的引导呢？本节将为您提供四个锦囊，助您掌握相应的方法，帮助孩子从与异性同伴交往的经历中获得有益的启示。

对自己身体的好奇是与生俱来的，当孩子问到和性有关的问题，家长该如何回应呢？本节将为您介绍性教育开展的时间、形式和内容等，帮助您顺利开展家庭性教育。

随着青春期性激素的分泌增多，青少年在身体、心理方面都会发生剧烈变化。家长该如何开展青春期性教育呢？本节从青春期性教育的内容、常见问题以及应对策略方面进行了阐述，希望能帮您顺利开展青春期性教育。

01

第一章

家长的生命观对孩子成长影响深远

如何与多样的生命和谐共生

⊙ 李晓彤 王道静

导语

从地壳的深处，到喜马拉雅山脉的山巅；从广袤的草原，到沙尘弥漫的荒原；从古老的原始丛林，到现代化的城市商圈，地球展现着多彩的样貌，也用她母亲般的胸怀和乳汁，哺育出无数丰富的生命物种。我们的星球居住着近 200 万的物种：有肉眼难以看见的微生物，也有长可达 33 米、重可达 181 吨的蓝鲸（地球上已知的体积最大的动物）；有最高移动速度只有每秒 0.04 厘米的海马，也有奔跑时速达 120 千米的猎豹。地球母亲给不同的生命提供着自由生长的空间，又让它们彼此之间相互联系，形成生态系统。“没有人是一座孤岛，每个人都是大陆的一片”，我们人类，从来都与其他生物，息息相关。

情景再现

——“我觉得你是特别勇敢的一个姑娘，这里毕竟是家庭的一个伤心地，很多人可能无法去直面它。”

——“我觉得在我干这份事业时，爸爸就好像在我身边指导我一样。有时候突然看到一只丹顶鹤起飞，我就感觉好像爸爸还在我身边，观察我、监督着我工作一样。我大姑是在盐城牺牲的，每年丹顶鹤都是从盐城保护区开始迁徙的。每年奶奶都会问，丹顶鹤飞回来没有啊？到没到达这块住啊？他们总感觉，丹顶鹤回来，大姑也就回来了。”

这段对话来自央视节目《朗读者》中主持人董卿对徐卓的采访。您可能不太了解这个年轻的名字，但一定听过这样一首歌：“走过那片芦苇坡，你可曾听说，有一位女孩，她留下一首歌……”歌里唱的女孩，就是徐秀娟，徐卓的姑姑——丹顶鹤的守鹤人，中国第一位环保战线的烈士。

徐卓一家三代人与丹顶鹤的感人故事，要从43年前她的爷爷说起。

1975年，位于黑龙江齐齐哈尔的扎龙湿地保护区筹建，它是中国第一个国家级自然保护区，拥有世界上最大的芦苇湿地。但因为保护不力，当时扎龙湿地的丹顶鹤只有140只，濒临灭绝。这种传说中的“仙鹤”一身傲骨又极其敏感，难以接近，保护区工作人员心急如焚！

扎龙有一个名叫徐铁林的渔民，他曾经好几次把受伤的丹顶鹤救回家养伤，然后放飞。因为对野生动物心存大爱，又有收养丹顶鹤的经验，保护区就慕名找到时年39岁的徐铁林，请他来照料那140只珍稀的白鹤。于是，徐卓的爷爷就成了中国第一代守鹤人。

徐秀娟，也就是徐卓的姑姑。因为从小受父亲的影响，她经常帮着孵小鹤、喂小鹤，耳濡目染地也喜欢上了丹顶鹤。她一直在努力地学习有关知识，对孵化、育雏、饲养、放牧这些技术活非常娴熟。更不可思议的是，在她的悉心照料下，饲养的小鹤成活率达到100%，这在世界上都是前所未有的！后来在一次寻找走失幼鸟的途中，徐秀娟深陷沼泽，生命永远定格在23岁。

娟子走后，整个徐家都沉浸在悲痛里，然而，他们对丹顶鹤的爱却依然延续了下来。1997年，徐秀娟的弟弟徐建峰从部队退伍，原本能进国企上班，他却选择来到扎龙自然保护区，走上了和父亲、姐姐一样的道路，当守鹤人。在守鹤的第18个年头，2014年4月18日，徐建峰在护鹤返回途中，因为过度劳累驾驶摩托车失控，翻入水沟不幸身亡。这一年，他47岁。

两代人守护丹顶鹤，两人牺牲了宝贵的生命。到了徐卓这一代，她又毅然放弃保研的机会，去林业大学学习相关专业的知识，回来后继续守鹤。她说选择这样道路的初心就是她每次遇到什么事，考虑要不要继续走下去的时候，就提醒自己记得当初是为了什么出发的。

从1975年到2018年，在徐家三代人43年的泣血守护下，如今黑龙江扎龙国家级自然保护区已是丹顶鹤的天堂。目前全世界野生丹顶鹤有2200只左右，而扎龙保护区内就有800多只，堪称“丹顶鹤的故乡”。三代人的努力，换来了白鹤族群生命的延续……

众说纷纭

三代守鹤人的故事一直在流传，其中两人为此付出生命的代价，如今的第三代人，依然守护在丹顶鹤旁，将自己的命运与丹顶鹤、与祖辈的遗愿联结在一起。

也许有的孩子会问，为什么一定要守护丹顶鹤，为什么要保护和救助濒危生物，为什么不能让它们自生自灭呢？世界由自然界多元的生命体组成，生命来之不易、坚韧而伟大。生命有不一样的形态，有了不起的人类，也有渺小的蝼蚁；有长寿的万年龟，也有天地一瞬、朝生暮死的蜉蝣……不管它们是谁，都有生的延续和价值，它们相互依存，维系着世界生物系的平衡，这就需要我们给予保护。

孩子的道德教育不容忽视，环境道德教育同样不可小觑。在孩子成长的过程中，我们要引导孩子意识到环境问题是当今世界各国面临的重大问题，保护环境、尊重生命、爱护生命成为当今世界的时代潮流。环境保护教育，要从娃娃抓起，让孩子从了解人类生存现状入手，从家长身体力行的榜样示范作用入手，从孩子直观的学习、模仿入手，通过体验知道环境保护教育的重要性和迫切性，从心理上产生保护环境、认真对待每一个生命的意愿。

孩子的良好行为，离不开家长的认可。对于孩子的环保行为要多鼓励、多赞赏，用积极的眼光看待孩子的成长，赏识他们的长处；尽量放手，多给孩子独立思考、独立尝试的机会；鼓励孩子，大胆尝试，坚持将一件小事做好。

鼓励孩子友善对待生命。无论是参天古树还是路边的小花小草，无论是稀有动物还是野猫野狗，都需要我们用心，带着情感对待它们。从身边的小事做起，争做环保小卫士。

为了我们共同的家园，为了我们美好的明天，每个人都积极行动起来，做一些力所能及的事。

启迪智慧

生命教育是以生命为核心，以教育为手段，倡导认识生命、珍惜生命、尊重生命、爱护生命、享受生命、超越生命的一种提升生命质量、获得生命价值的教育活动。让青少年学生认识生命和珍惜生命成为这一活动的重中之重。

孩子对多彩生命的认识，离不开家长对多彩生命的理解和正向引导，充分利用学校、家庭、社区的环境资源，建立一个开放系统，让孩子们体验到生命的独特，体验到生命的多样和可贵，让我们行动起来吧。

1. 了解生命

（1）带孩子到自然博物馆、大自然中去，通过了解自然界中各类别生命的特征，了解不同生命的特点，观察生命形成的过程，从细胞的分裂到一个生命的形成，感受到生命的存在。

（2）通过图书、纪录片等，直观看到生命形成的过程。如小婴儿从孕育到成型、蝴蝶由蛹蜕变成蝶、一株植物由嫩芽变成树的过程等。

2. 感受生命

（1）利用旅游、纪录片等了解不同地方的风土人情，知道“一方水土养一方人”这句话的缘由，并了解当地独有的动植物，知道每个地域因环境不同，动植物有所不同，并产生不同的生命价值。

（2）父母可以将自己从小到大不同时期的照片罗列出来，根据照片，回想自己的生命历程，并讲给孩子听，让孩子明白，每个人在成长的路上都不是一帆风顺的，无论逆境、顺境都是自己生命的过程、经验的积累，用接纳、欣赏的态度去看待发生的事情。

3. 珍惜生命

（1）一起进行亲子饲养小动物或亲子种植、厨余食物的再培植等活动，共同见证生命的过程。家长也能从中感受到，每个生命是具有其独特性的，每个生命的不同时期都有它存在的价值。

（2）家长要用包容、理解的态度看待孩子成长过程中出现的问题，把其作为一种成长基石来看待，陪伴孩子，一起成长。

尝试应用

亲子共同饲养小动物观察记录

小动物名称	属性	观察实践	变化	亲子感悟

亲子共同栽培植物观察记录

<table>
<tr><td>植物名称</td><td></td><td>属性</td><td></td><td>培植方式</td><td></td></tr>
<tr><td rowspan="4">过程记录</td><td>时间</td><td colspan="3">过　程
（文字、绘画、图片等多种方式均可 ）</td><td>感悟</td></tr>
<tr><td></td><td colspan="3"></td><td></td></tr>
<tr><td></td><td colspan="3"></td><td></td></tr>
<tr><td></td><td colspan="3"></td><td></td></tr>
</table>

文字中的“生命力”积累卡

表达生命力的词句：________________________________

该词句出处：________________________________

该词句意思：________________

该词句带给你的启迪：________________

珍爱生命契约（倡议）

（1）生命对于我们只有一次，我会珍惜。

（2）爱惜任何一个生命，不随意捕杀。

（3）积极参加社会公益活动，进行珍爱生命宣传。

结束语

年有四季，树有年轮，大千世界，每个生物的存在，既是独立的，也是与其他生物相互连接的。各样的生物都有不同的生长时期，每个时期的样子恰到好处。在生命的过程中，有悠然自得的惬意，也有惶惶不安的紧张，有大放异彩的高光时刻，也有暗淡无光的低落时期；但这都是积蓄力量，使生命多姿多彩，也使世界因多彩的生命而生动、鲜活。

我的孩子属于我吗

⊙ 白晔

导语

孩子出生的那一刻，您一定是幸福的，您拥有了自己的孩子。从呱呱坠地到嗷嗷待哺，孩子的成长离不开父母的关爱与照料。幼小的他 / 她开始咿呀学语、蹒跚学步，每一次尝试和进步都牵动您的心。孩子的成长是迅速的，慢慢地他 / 她可以自理了，慢慢地他 / 她更加自主了，再后来，他 / 她有了自己的意志和秘密，有了自己的选择和决定。您也许会感到孩子不再如从前一般依靠您、听从您、信服您、崇拜您。您也许会发出疑问："这还是那个属于我的孩子吗？""我对他/她还有影响力吗？""如何接受孩子的改变呢？""如何安放心底悄然的失落呢？"让我们带着问题与思考开启这一节的内容。

情景再现

青青学校是一所小学、初中、高中一体化的学校。新学年学校组织了一场中英双语朗诵比赛，其中一位参赛同学朗诵了一首美籍黎巴嫩阿拉伯诗人、作家、画家——纪伯伦写的小诗《致我们终将远离的子女》，引发了在场评委和观众的热议。小诗的中文翻译如下：

《致我们终将远离的子女》

你的儿女，其实不是你的儿女。

他们是生命对于自身渴望而诞生的孩子。

他们借助你来到这个世界，却非因你而来。

他们在你身旁，却并不属于你。

你可以给予他们的是你的爱，却不是你的想法，因为他们有自己的思想。

你可以庇护的是他们的身体，却不是他们的灵魂，因为他们的灵魂属于明天，属于你做梦也无法达到的明天。

你可以拼尽全力，变得像他们一样，却不要让他们变得和你一样，因为生命不会后退，也不在过去停留。

> 你是弓，儿女是从你那里射出的箭。
>
> 弓箭手望着未来之路上的箭靶，他用尽力气将你拉开，使他的箭射得又快又远。
>
> 怀着快乐的心情，在弓箭手的手中弯曲吧，因为他爱一路飞翔的箭，也爱无比稳定的弓。

参赛同学的朗诵语言优美、情感真挚，看得出小诗代表了孩子的心声。读了这首诗，您有什么感想呢？是不是也想加入现场的热议呢？

众说纷纭

有的家长说："读了这首诗很受启发，我很认同其中的观点，每一个生命都是独立的个体，我们的孩子当然是独立个体，他们不是我们的附属品，他们有自己的思想和感受。我们需要做的是尊重孩子、支持孩子。"

有的家长说："每一个孩子都是独特的，出生和成长于新时代的孩子更是个性突出，有的时候真的让家长头疼，但我还是尽力去接纳我儿子，在发现他的独特之处后，给他创造机会，鼓励他做有意义的事情。"

有的家长说："这个诗的题目挺让人伤感的，可能也是事实，我们终将远离我们的子女。可是，我真的有些不适应。女儿小的时候是我的小棉袄，我是她的知心人，她特别依恋我，什么都和我说，也重视我的意见。可现在呢，她变化特别大，特别有主意，而且很固执，完全不听我的建议，还觉得我烦。我管得多了，她就什么也不和我说了，我们之间没话说。我认同父母不应该过多干涉子女，可是也不能走到另一个极端呀，什么也不知道，什么也管不了。我对孩子的发展还是担心的。"

还有的家长说：“我过去一直把孩子当作我自己的作品，我希望展现一个完美的作品给别人。随着孩子的成长，这种想法造成了我们之间不少的矛盾。经过学习，我改变了很多，学会了尊重孩子、理解孩子，比如在课外班学习和发展兴趣上，我就放手让他去自我选择、自我负责。当然，我也特别同意，放手不是放任。我想学习一些方法，既能尊重孩子作为一个个体的独立性，又能与孩子有效沟通，了解孩子，在他需要的时候帮助他。虽然孩子不属于我，但是，我们也是一家人，我也是孩子的监护人，我也希望孩子能倾听和尊重我的想法，毕竟我的建议对他是有帮助的。”

启迪智慧

一篇《致我们终将远离的子女》引起了热议，家长们的讨论和所反映的现实情况体现了孩子作为一个独立的个体“分离—个体化”的历程。

1. 家长如何理解青少年的分离—个体化

青少年在分离—个体化的过程中要完成的任务是对儿时至今不断内化的父母形象做新的合理审查，以摆脱对家庭的依赖，不再被内化的价值观束缚，重建一个独立的自我，在家庭以外建立新的关系。

很好地完成分离—个体化任务的孩子表现出来的特点是：逐步建立稳固的个体意识，开始形成自己的价值观，有自己的真善美的判断标准，对事物有自己的观点和态度，在很多问题上可以自己去解决。

可见，随着孩子的成长，孩子不再依附于您，而是逐步成为一个独立的个体。如果孩子能顺利完成与您和家庭的分离—个体化，成长为一个有独立的自我意识的，自我负责的，自主、自觉的个体，那么这对孩子毕生的发展有积极意义。

因此，作为家长，如果您感觉到孩子不再对您言听计从，她有了自己的主见，她有了自己的秘密并需要自己的空间，她对自己的评价与您不同，她学会了和您争论的时候，那么她很可能正在经历分离—个体化的过程，也正在成长。

您可能对他/她在分离—个体化过程中的改变有些难以接受，也可能对您在他/她心中的威信减弱而有所失落。然而，请您逐步接纳这个过程，因为这是一个有着积极意义的历程，这个历程能帮助您的孩子成为独立自主、自我负责的个体。当您能做到尊重孩子、支持孩子，不再把他/她作为您的附属品，不再为他/她做安排、做决定的时候；当您能创造机会让孩子的兴趣、特长得到发展，让他/她的个性得到尊重，让她有更多自由空间的时候，您的孩子会成长得更加迅速。

有个《带着爸爸去留学》的电视剧，可以作为分离—个体化的一个影视化案例。剧中孙红雷饰演的爸爸和刘敏涛饰演的妈妈都是陪孩子去留学的典型代表，在陪读期间，他们经历了孩子与家庭分离—个体化的过程。在这个过程中父母有惊讶、失落、疑虑和伤感，但最终感悟到孩子的成长和独立。当父母能够接纳和肯定孩子经过分离—个体化而实现独立、自尊、自主的时候，父母会感觉到轻松、愉快、幸福，也会从中收获来自孩子的理解与爱。

2. 家长在孩子分离—个体化的过程中如何发挥积极作用

虽然孩子要从您和家庭中分离出独立的人格，但是不代表孩子是“远离”您了，您还是他/她最亲的人。如果关系融洽，您是能够在孩子成长中发挥积极作用的。希望以下一些发挥积极作用的方法对您有所启迪。

（1）学会倾听与理解

鼓励孩子自主性地表达观点、态度、需求、感受，注重倾听，不要打断孩子，倾听后不要急于评论和反驳，而是理解孩子的观点、态度、需求、感受背后的原因。不插话、不评价、不反驳的做法会让沟通进行下去、深入下去。

（2）鼓励孩子自己解决问题

当孩子在学习上、生活中遇到困扰时，先关注孩子的情绪，接纳孩子的烦躁、焦虑、愤怒、伤心等情绪，允许孩子在一定程度内表达和释放情绪。在情绪得到接纳和释放的基础上，帮助孩子平静下来，思考解决问题、缓解困扰的方法。此时不要上来就说出自己的想法、建议，先让孩子自己想一想有什么办法，然后让孩子说出自己的想法，不否定孩子的办法，而是在他/她的办法基础上做添加，帮助他/她修改完善。

（3）给孩子选择和决策权

在时间安排、学习内容、个人兴趣、未来发展等问题上给孩子更多选择的机会。您可以提供更多选项给孩子，也可以让孩子补充选项，每次的选项最好多于三个，让孩子有所选择，而不是变相强迫。您也有必要给孩子决策权，自己的事情让他/她自己决策。您可以倾听孩子决策的依据和思路，给一些建议，但最终由孩子自己决策并承担责任。即使最后孩子发现决策不够科学，他/她却可以从中收获经验和成长。

（4）帮助孩子发展兴趣专长

尊重孩子的独特性、差异性，帮助孩子找到自己感兴趣的任务、感兴趣的学科、感兴趣的活动，让感兴趣的事情更加有意义。您还可以帮助孩子发展优势，在他/她做得好的地方多鼓励他/她，让他/她看到上升的空间和可能性。

（5）鼓励孩子发展同伴关系

同伴关系的发展是社会化的重要进程，您有必要帮助孩子找到可以信赖的同龄朋友，比如邻居、同学等；找到亲近爱戴的师长，比如老师、亲戚等。您可以在节假日和您的同事、朋友的家庭相约一起带孩子们去博物馆、公园、景点游览，帮助孩子学会在现实中与人交往。

尝试应用

请您利用下面的表格记录孩子过去和未来的成长变化。对于孩子过去的变化，请选择 3 个最明显的变化，写出年份和具体描述，分析孩子成长变化背后的积极意义。对于未来孩子的成长变化，请每季度记录一次，写清日期、成长变化描述，分析背后的积极意义，利用本节学习到的方法规划自己如何在孩子成长中发挥积极作用。

过去成长变化的年份	成长变化描述	背后的积极意义	
未来成长的记录日期	成长变化描述	背后的积极意义	如何在孩子成长中发挥积极作用

结束语

您的孩子是由您孕育、托起和放飞的生命，他/她必然拥有自己独立生命的尊严与精彩。您和孩子都是独立的个体，但您和孩子之间的血脉亲情永远是彼此心中的温暖与力量。您给予孩子的尊重、支持、引导、鼓励都会成为孩子成长中的财富，也会使得孩子在您的孕育、托起和放飞之后扶摇直上、一飞冲天。

如何让孩子成为独特的自己

⊙ 向阳

导语

从事很多工作都是需要前期的学习和后期的考试才能上岗，但“家长”这份如此重要的工作，我们常常“很轻易”地得到，却不知如何才能做好。很多家长希望孩子能够有不留遗憾的童年，他们倾其所有把自己认为最好的东西都奉献给孩子；他们寻求高大上的育儿方法，希望能让孩子在成长过程中少走弯路。但是，家长们时常忽略了在家庭教育中最重要也是最基本的一环——觉察您自己的生命观。每一个家长也曾是一个孩子，在您的成长过程中或许潜移默化地内化了一些对于生命的理解，这些理解可能与您的遗憾相关，也可能与您的成就相关，而这些理解形成的对于生命的观念也在与孩子的互动中影响孩子的人生走向。

您觉得一个人的人生应该怎样度过？是否功成名就才是实现价值的唯一方式？您是否又把这些观念传递给了孩子呢？现在，让我们带着这些思考来探索家长的生命观对孩子的影响。

情景再现

“功课不好”的华罗庚

著名数学家华罗庚的名字享誉中外，他被列在芝加哥科学技术馆内88位世界数学伟人之中，是中国近现代学术的奠基人和开拓者，被誉为“中国现代数学之父”，为中国数学的发展与突破做出了伟大的贡献。

但就是这样一位伟大的数学家在读初中时，所学功课却并不是很好。当时，著名教育家、翻译家王维克先生正在金坛中学任教，教华罗庚数学。王维克发现虽然年幼的华罗庚也贪玩，但他思维敏捷，数学习题往往反复修改，解题方法和思路很独特。

有教师时常感叹金坛中学无“人才”，但王维克却不以为然，说“华罗庚同学就是人才”。这位老师笑答：“看看他那像蟹爬的字，这能算‘人才’？”王维克激动地辩论：“被埋在沙里的金子，看起来与沙子并无不同。华罗庚成为大书法家的希望很小，但怎能因此否认他的数学才能？”

众说纷纭

在金坛中学就读的普通学生华罗庚当时功课并不是很好，谁能想到未来的他会成为对后人有深远影响的伟人？如果我们仅仅因为当时他的成绩不好、字写得不好看就断定他并非“人才”，那么我们的国家很有可能就损失了一位著名的数学家。华罗庚很幸运，他的光芒被恩师王维克所看到，他相信这位在别人看来平平无奇的学生在数学上拥有非凡的才能，并没有因为华罗庚在成绩上的不足而去否定他的未来。著名教育家洛克提出的“白板说”告诉我们“最初的心灵像一块没有任何记号和任何观念的白板，一切观念和记号都来自后天的经验”，不论是老师还是家长都是为孩子提供“观念和记号”的最重要的角色，我们对于孩子的评价很大程度上会内化成孩子的行事法则。

对于很多家长来说或许“成就”代表了人生的价值，一个成年人的价值是在社会上取得的名利和地位，一个学生的价值则是考试成绩。但是，这样的生命观不仅无法达到目标反而有可能使孩子产生极端的行为。事实上，父母着眼于帮助孩子发现自身的优势远比关注分数重要得多，如果能够帮助孩子找到自身的优势并支持他们发展自我，那么成就将会是水到渠成。在华罗庚的求学经历中，王维克老师发现了他“思维敏捷，数学习题往往反复修改，解题方法和思路很独特”的优势，并相信去关注这方面的优势比纠正他的书写更有意义和价值。在未来的求学经历中，华罗庚也是带着这样的相信不断地在数学上钻研，发挥自己的才华，最终成为享誉世界的著名数学家。

对于学生来说，学习是他们的主要任务，成绩则在某种程度上代表着这项任务完成的效果，家长关注孩子的成绩是无可非议的。但是“成绩”并不代表孩子未来的“成就”，作为成年人，家长要拓宽自己对人 生价值的理解；作为孩子的父母，家长要正确理解成就的定义。

启迪智慧

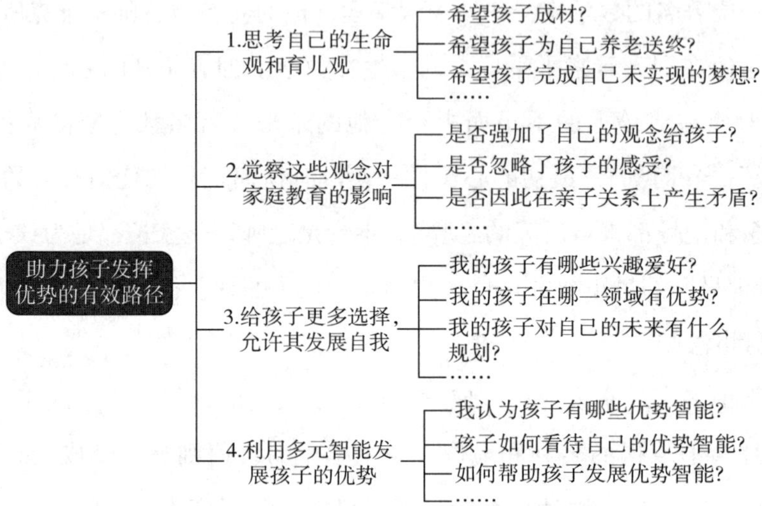

当成为一个“社会人”后，孩子需要具备许多能力，如与人沟通的能力、团队协作的能力、同理心的能力等，这些并不会在孩子大学毕业后就自动获得，需要家长从小培养、言传身教。

家长在对孩子的培养过程中应该客观审视自己的生命观并从更广阔的视角看待孩子的成长。

1. 思考自己的生命观与育儿观

您可以对自己提出一个“灵魂拷问”：“我养育孩子是为了什么？”可能是“希望孩子成材”“为自己养老送终”“完成自己未实现的梦想”。这些想法都是能够被理解的，但不可否认的是，当家长养育孩子的目的是满足自己的个人心愿时，孩子会在某种程度上丧失自由意志，家庭教育也更容易出现问题。

2. 觉察这些观念对家庭教育的影响

世界是多元的，每一个人的选择也是多元的，所以生命观也可以是多元的。家长可以有自己人生价值的定义和目标，但是您需要觉察这些观念是否强加给了孩子。很多家长因为自己对成绩的渴望过于关注孩子的分数而忽略了孩子自身的性格特点、情绪感受，这样的教育方式在短期内可能不会有问题，有时候反而会让孩子的成绩名列前茅。但是随着孩子的长大，尤其是上了初中以后，伴随着青春期的到来，孩子的生理和心理都发生了很大的变化，长久以来压抑的情绪和个人意志就会和家长世界的规则产生冲突。一些孩子会采用厌学、离家出走、自残自伤等极端且不恰当的方式与家庭对抗，这样的方式不仅会损害亲子关系，严重时甚至会危及孩子的生命安全。

3. 给孩子更多选择，允许其发展自我

当孩子认同了家长对于人生价值的定义，学习便沦为讨好父母的工具。在学校中，学生因为想要考到更高的分数而产生过度竞争、恶性竞争。孩子会不惜一切代价达成家长的期待，即使这个代价是违反道德、触犯法律。所以，在家庭教育中我们应避免使学习成为孩子恶性竞争的工具。我们需要去了解孩子的个性、兴趣、优势，帮助他们去发挥特长，实现属于他们自己的价值。

4. 利用多元智能发展孩子的优势

其实成功的路千万条。著名心理学家、教育学家加德纳提出的多元智能理论告诉我们每个孩子都有自己的优势，我们需要看到他们身上不同的优势并帮助他们发展，才能帮助他们自我实现。

知识链接

加德纳的多元智能包括：

（1）语言智能：口头语言表达或书写文字的能力。

（2）数学逻辑智能：运用数字和推理的能力。

（3）空间智能：感知视觉空间，并把知觉到的表现出来的能力。

（4）肢体运动智能：运用身体来表达想法和感受，运用双手灵巧地生产或改造事物。

（5）音乐智能：觉察、辨别、改变和表达音乐的能力。

（6）人际交往智能：觉察并区分他人情绪、意图、动机和感觉的能力。

（7）自知内省智能：了解自己内在的感受、情绪、想法并能够做出适当的行为的能力。

（8）自然观察智能：观察自然事物，辨别自然环境中某些现象的能力。

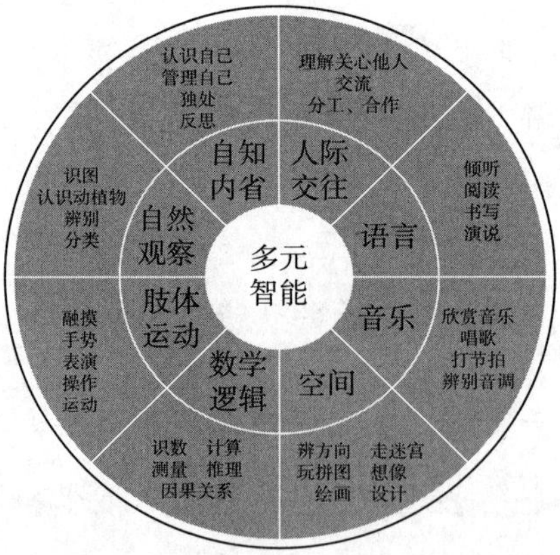

尝试应用

在阅读了本节内容后，您可以尝试做这样的练习：

（1）了解自己的生命观

对我来说，我做到了________________就代表我的人生是有价值的。

在我自己的人生中，我没有实现的目标是

____

（2）我对孩子的期待

我希望孩子未来从事什么样的职业

____

（3）了解孩子的独特性及自我意志

据我所知，我的孩子想要成为一个什么样的人

____

（4）利用多元智能发展孩子的优势

我的孩子有以下优势智能

____

我可以在如下方面帮助ta发展自己的优势智能

____

当您填写这些问题时可以看一看哪些问题对您来说比较困难，哪些又比较容易。比较困难的部分可能是您需要在未来更多去探索的地方。

结束语

孔子曾说："其身正，不令而行；其身不正，虽令不从。""不能正其身，如正人何？"这是强调父母给予孩子的榜样作用。

托尔斯泰有句名言："全部教育，或者说千分之九百九十九的教育都归结到榜样上，归结到父母自己的端正和完善上。"

做家长，可能是各种职业中唯一不经过任何培训和学习就可以上岗的职业；做家长，也可能是唯一不会失业和下岗的职业；做家长，可能是唯一难以制定职业规范和职业标准的职业；做家长，可能是唯一不能从头再来的职业。

"家长"是既困难又幸福的职业，我们作为一个人有着自己的生命观，我们作为一个"家长"需要给予孩子更大的空间和更多的可能性。家庭是港湾，您则是孩子最温暖的支持者，愿您带给孩子多元的生命观，助力孩子绽放属于他们自己独特的光芒。

如何以积极的视角关注孩子、助力孩子成长

⊙ 李月

导语

孩子对家庭来说是希望和未来，因此，家长们总是格外关注孩子的每一步成长，每一次表现。很多家长为了能让孩子有更好的发展，成为更优秀的人，经常会专注于发现孩子身上的缺点和不足，而对孩子的优点和闪光处却不在意。这种看待孩子的视角和眼光确实能帮助孩子进步，但也经常会因此与孩子产生矛盾，致使孩子产生自卑、怯懦的心理，有时甚至会让不自信的孩子们为一些琐事放弃生命，造成不可挽回的结果。有句话说得好，你把孩子看成什么样子，他就能长成什么样子。那么，我们应该以怎样的心态和眼光去看待自己的孩子呢？希望这一节的内容能解答您的疑惑。

情景再现

从前，有个老财主觉得他的三个儿子都很笨，老财主很发愁，担心家产会败在他们手里。于是，老财主决定请当地很有名的老秀才来教他的三个儿子。

老秀才答应了，但是他说道："我得考考你的三个儿子，通过考试我才能收下他们。"

老财主听了心里咯噔一下，心想："这下完了，我那三个笨儿子肯定一个也通过不了考试。"

考试开始了，大儿子第一个上场。老秀才说："我的考题是对对联。上联是，东边一棵树。"大儿子一听，急得头上都冒出了汗，想了半天也想不出下联，就在嘴里一个劲念叨："东边一棵树，东边……一棵树……"老财主看到大儿子的表现，火冒三丈。一会儿，老秀才说话了："这孩子记性不错，我只说了一句，他就记住了，可教也，我收下。"

接下来出场的是二儿子。二儿子听了老秀才的对联题，马上答道："西边一棵树。"老财主气得怒目圆睁。老秀才却说："此子改了方向，以西对东，对得贴切，可教也，收了。"

最后出场的是三儿子。三儿子听了老秀才的对联题，怎么想也没想出来，不由得大哭起来。老财主觉得这孩子真是丢人。谁知，老秀才却说道："此子有羞耻心，可教也，收了。"

考试结束了，老秀才收下了老财主的三个儿子，并把他们教育成了有用之人。

故事中的老秀才拥有着和老财主不同的眼光，他看待三个儿子的视角和老财主是不同的，他的心态自然也和老财主的不同。老财主面对儿子答题要么生气、要么愤怒，而老秀才却心平气和、不慌不忙地收下了这三个徒弟。老秀才发现了三个孩子的不同之处，并赞美他们，给他们树立信心，相信这一点也是能让他把三个徒弟培养成才的基石。

备注：情景再现里的寓言故事部分情节参考网络素材。

众说纷纭

虽然上面是一个寓言故事，但故事里面所呈现出来的现象可以说在现实生活中比比皆是。作为家长，我们看到孩子身上的缺点似乎很容易，但是我们要看到、发现孩子的优点则需要我们付出努力。在生活中，我们是不是常常能听到这样的话："这有什么好害怕的呀""你怎么这么没礼貌，见了爷爷奶奶也不打声招呼""写个作业怎么这么马虎，乱七八糟""这道题又错了，猪脑子""考试又退步了，这段时间一定没有好好学习""吃个饭怎么这么慢，磨蹭，快点快点，又要迟到了"……

其实这些话语的背后要表达的本意是要勇敢一点、要懂礼貌、要认真、要好好学习、要速度一点……这些是我们对孩子的希望和期待，可是话从我们嘴里说出来就完全变成了否定、指责的意思。孩子听了，又会是怎样的感受呢？他们会因为我们的批评、指责、说教而变得更好吗？可能有时候奏效，但更多时候却恰恰相反——孩子的问题不仅没有改善反而变得越来越严重，这也正是让很多家长困惑的地方。

造成这种后果的原因其实很简单，因为家长是孩子的重要"他人"，孩子非常看重家长对自己的看法和评价。如果家长总是看不到孩子身上的优点，或者看到了优点却总选择不去表达，那么孩子总是得到负面的反馈和否定的回应，就会觉得自己很失败，好像无论怎么做都得不到家长的认可和支持，这无疑对幼小的孩子来说是致命的一击。他们会认为家长不爱自己，自己一无是处，不值得被爱，从而逐渐变得缺乏自信、做事退缩、破罐破摔，经常展现出一种消沉的、缺少生命力的状态。

古语道，“谦虚使人进步，骄傲使人落后”。家长的初衷是担心对孩子的表扬会让孩子自满，不求上进。但是，请家长们想一想，哪位孩子不想得到家长的肯定，不想被家长欣赏的目光所注视呢？家长对孩子的欣赏，可以让孩子产生积极的心理体验和感受，让孩子变得勇敢而自信，这就是强化作用，会促使孩子继续保持并逐渐扩大自己的优势和长处。我们经常可以发现，那些能看到孩子身上优点的家长，他们对孩子的肯定的语言会更多，他们的孩子也会表现得更自信、更乐观，对外面的世界有更多的好奇心和兴趣，看上去也显得更有生命力。因此，请家长们相信，很多时候，学会夸奖比批评更有效果，微笑比严厉更有力量！

启迪智慧

知识链接

罗森塔尔效应与习得性无助

罗森塔尔效应也叫期望效应，是由美国心理学家罗森塔尔发现的。他给一个学校的学生做测验，然后告知其中的数十位学生，测验的结果显示他们是最有前途的学生。几个月后，奇迹出现了：凡是被告知的学生，个个成绩有了较大的进步，且自信心强，求知欲旺盛，更乐于和别人打交道。其实，这些学生是随机挑选的，并不是根据什么测验结果选定的。这种由于积极的心理暗示而带来的成效就被叫作罗森塔尔效应。

习得性无助是美国心理学家塞利格曼通过动物实验发现的。实验中他把狗关在笼子里，然后每当蜂鸣时就给以电击，狗尝试逃跑，但因被关着，所以总是逃脱失败。这样反复电击后，狗绝望了，在给电击前，即使笼子门打开着，狗也不尝试逃跑了，而是不等电击出现就先倒地呻吟和颤抖。本来可以主动地逃避却绝望地等待痛苦的来临，这就是习得性无助。

根据罗森塔尔效应，我们可以看到，家长的肯定和赞扬会是一种积极的心理暗示，促使孩子向好发展。而对孩子反复的负性刺激会像动物实验中的电击一样，让孩子绝望、无助。

家长们，如果我们能像上面寓言故事中老秀才那样抱着积极的、欣赏的眼光看待孩子，就会发现孩子本身的很多优势和特质，这些优势会伴随着他们的成长并促使他们自身存在的不足和问题逐步得到改善。那么家长们如何做到欣赏与发现呢？您可以试试以下几步：

第一步，如果你想成为一个能发现孩子优势的父母，那么首先要做的就是先带着欣赏的眼光看待自己，我们需要一双能够发现美的眼睛。

有研究发现，那些经常发现孩子有问题的家长，他们也经常会指出自己的缺点和不足。如果我们能看到自己更多的智慧和优点，那么我们也会同理地看到孩子的优点，理解并体谅他们的努力。

第二步，接纳孩子是欣赏孩子、发现孩子优势的前提，这样可以避免走进“选择性关注”的误区。

如上面讲到的那样，我们对孩子的共情和理解可以帮助我们发现那些我们之前没有关注到的地方。当我们把注意力只放在孩子的问题和缺点时，那些问题和缺点就占据了我们整个头脑，我们的这种“选择性关注”，会让我们产生情绪、失去理智，从而忽视了孩子当时所做出的那部分努力。我们强烈地表达着自己的情绪，指出孩子的问题，但这些传递到孩子那里变成了拒绝、不满和不爱。

第三步，核查自己的优势教养程度，学习发现孩子优势的方法。

《优势养成》一书谈到一项调查研究，这项研究表明，当青少年的父母从优势出发时，孩子的精神状态往往更好，表现在：对生活的满意度更高；诸如快乐、充满希望这样的积极情绪更多；更了解自身优势；能够运用优势按时完成学习任务、解决与朋友之间的问题；能够用更积极的方式来应对压力，使日常压力减少。这些可喜的发现，让这本书的作者设计出一系列题目来核查父母执行优势教养的程度。请家长们也来思考一下吧。

（1）你是否可以轻易地看到孩子身上的长处（个性、能力等）？

（2）你知道孩子喜欢做什么吗？

（3）你能很容易说出孩子有什么优势、擅长做什么事吗？

（4）你知道如何激励孩子吗？

（5）你给孩子创造机会，让他们可以经常运用自己的优势吗？

（6）你鼓励孩子做他们擅长做的事吗？

（7）你能提醒孩子每天使用自身优势吗？

（8）你可以积极地跟孩子展示如何在不同情况下运用优势吗？

以上这些问题，可以帮助我们去觉察对于发现和培养孩子优势这方面的一个现状。当我们能回答这些问题，我们也就掌握了一定的发现孩子优势的方法。下面就让我们做一个发现优势的小练习，来学习如何发现孩子的优势吧。

尝试应用

你最成功的教育瞬间

学习看到并培养孩子的优势要从了解自身的优势开始。回想一下，你成功教育孩子的那次经历，你对自己当时所说的话、所做的事感觉良好。现在，请把这个故事写下来，详细地描述一下：

你做了什么？

____

____

____

感觉如何？

____

____

孩子的反应如何？

____

____

____

这对你的孩子有什么影响？

____

____

现在写下你在这次积极体验当中所运用的你的优势。

____

____

____

结束语

威廉·詹姆斯曾经说：“人性中最深切的禀质，是被人赏识的渴望。”没有一对夫妻会在相互的指责中增加彼此的爱意，也没有一个孩子会在无休止的批评中懂得进步。得到赏识的孩子会像被珍爱的种子一样，绽放自己的绚烂的生命，开出耀眼夺目的花。因此，学会由衷地欣赏和鼓励自己的孩子是十分重要的。期待家长们和孩子一起发现自己的美好，让欣赏成为一种心态、一种习惯！

教养风格对孩子有着怎样的影响

⊙ 赵延琦

导语

每一个孩子都是那么的与众不同！有的活泼开朗、勇敢坚强、自觉认真，有的则严肃冷漠、胆怯懦弱、懒散马虎。造成这些差异的原因是什么呢？先天资质和后天教育，哪一个因素对孩子发展起到更大的作用呢？研究表明，父母不同的教养风格形成不同的亲子关系，不同的亲子关系塑造不同的孩子。作为家长，您了解自己的教养风格吗？您和孩子之间有着怎样的亲子关系呢？希望本节内容能为您解答这些疑问。

情景再现

小王和小宋是扬帆中学初一 6 班的两名学生，从开学到期中考试这段时间，这两个小伙子可没少让班主任赵老师“头疼”。

小王在学校的表现不佳，上课总是睡觉、作业总是不写、体育课总是以各种理由逃避体能训练，还经常向同学炫耀脚上穿着的价格昂贵的名牌运动鞋，“太累了”“太麻烦了”成了他的口头禅。

小宋是班里的小组长，无论是收作业，还是安排值日，他都非常认真，甚至有些“较真”。虽然学习成绩在班里名列前茅，但是总和同学发生冲突，轻者大吵一架，重者大打出手，惹来了很多同学的不满。

赵老师为了帮助这两个孩子改善自身的不足，请来了他们的家长，试图了解他们在家的表现以及父母对他们的教育方式。

小王爸爸和赵老师说道：“我们家经济条件还不错，我又只有这一个儿子，所以平时对他的管理比较宽松，基本上他提出的要求我都会想办法满足，吃的、穿的、玩的，他样样不缺……其实他挺聪明的，就是不爱动脑子，实不相瞒，有时候他晚上写作业，都是我帮他想该怎么写。小学的知识我还能应付，上了初中，各科作业越来越难，我越发感到吃力，您看我白头发都多了不少……您说怎么才能让这个孩子知道该努力了呢？”

小宋妈妈则和老师介绍道：“我对小宋的要求非常严格，他早上 6 点就要起床背英语单词，晚上 9 点前必须写完作业让我检查，10 点务必上床睡觉。每天放学都有一对一家教，周末给他报了课外班……上了初中，我发现他脾气渐长，跟我顶嘴的次数越来越多，还有几次干脆把门一摔走了。您说怎么才能让他听话呢？”

对于两位家长提出的困惑，赵老师给出了同样的答复——“源头活水。”

众说纷纭

要想帮助上述两个孩子改正他们的不足，是否应该把重心放在教育孩子上呢？

有人认为：小王上课爱睡觉，是因为他没有养成良好的作息习惯，每天晚上睡太晚，导致第二天上学没精神。经常逃避体育锻炼则是因为他太懒惰，总想着追求舒适与安逸，不能吃苦。所以只要能够帮助他实现规律的作息，用强硬的方式逼着他参加体育锻炼，就能解决他身上的问题。小宋经常与别人发生冲突，是因为他脾气太过急躁，不会与他人沟通交流。所以只要教会他自我冷静、放松的技巧，学习沟通的方法，就能帮助他改善不足。

诚然，以上建议或许能够暂时改善他们的不足，但却只能治标，不能治本。因为提出这些建议的人只看到了问题的表象，而没有捕捉到其本质。小王意志品质薄弱源于他爸爸的过度纵容与溺爱，小宋的脾气急躁则是因为他的妈妈过于强势，滋生了他的逆反心理。可见，这些问题产生的根本原因来自家长不甚正确的教养风格，这也是赵老师所说“源头活水”的深层含义。

“问渠那得清如许，为有源头活水来”，大量研究表明，父母的教养风格会对孩子的学业成绩、自我概念、自我评价、人际冲突的处理方式、归因方式、学习风格等众多方面产生深远影响。而父母的教养风格愈是科学合理，家庭中的亲子关系就愈是和谐愉快，孩子的成长就愈是健康顺利。

启迪智慧

既然父母的教养风格对于孩子的成长如此重要，那么什么是教养风格，教养风格都有哪些类型，作为家长的我们又属于怎样的教养风格呢？

1. 教养风格的提出与分类

1978 年，美国心理学家戴安娜·鲍姆林德提出了家庭教养方式的两个维度，即要求性和反应性。要求性指的是家长是否对孩子的行为建立适当的标准，并坚持要求孩子去达到这些标准。反应性指的是对孩子和蔼接受的程度及对孩子需求的敏感程度。

根据父母言行在这两个维度上的具体体现，可以把教养风格分成四种：专制型、民主型、溺爱型、放任型。具体分类依据见下表。

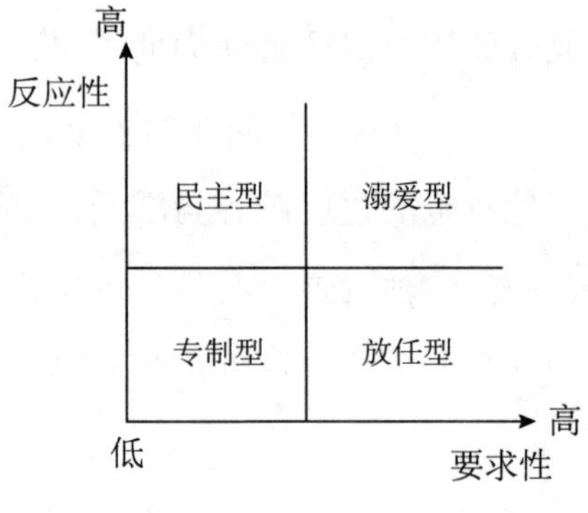

2. 教养风格类型测试

您的教养风格属于哪种类型呢？不妨让我们通过《父母教养方式问卷（PBI）》（该问卷相关说明及内容见后）来测试一下。

注：该问卷需要您的孩子填写。

3. 不同教养风格的特点

不同的教养风格有着怎样的特点呢？让我们来了解一下。

专制型的父母要求性极高，但反应性极低。他们对待孩子极为严格，任何事都是父母说了算，无论所提要求是否合理，孩子都必须服从。如果孩子没有按照父母的要求去做，或者达不到父母制定的目标，就会受到严厉的惩罚。这样的父母不能接受自己的权威受到挑战，而且无法迁就孩子。拿孩子参加考试来举例，专制型的父母会跟孩子说："不考优秀就别进家门！"

民主型的父母要求性和反应性都很高。他们在对孩子有高标准、严要求之余，也愿意跟孩子进行交流，能够倾听孩子的想法，尊重孩子的意愿。民主型的父母一方面希望孩子能够遵从自己的教导，另一方面也会尊重孩子自主独立的意愿，会在两者间寻求平衡。当孩子犯错时，他们十分严格；当孩子遇到困难时，他们也会给予关爱和支持。这样的父母会在孩子考试成绩不理想时和他说："孩子，这次考试需要好好总结一下经验和教训，相信你可以取得进步。"

溺爱型的父母要求性极低，而反应性极高。他们有的表现得非常和蔼，自身对孩子的要求不多；有的因为自身小时候受到严厉对待，受伤很深，担心孩子重蹈自己的覆辙，于是矫枉过正，对孩子的管教异常宽松；有的因离婚觉得对孩子有所亏欠，因而对孩子进行过度补偿，满足他的一切愿望；有的因为家庭条件比较富裕，因而不在乎对孩子的任何消费，甚至会帮助孩子实现很多不合理的要求。这样的父母在孩子犯错时，不仅不会批评教育，反而会包庇纵容。还拿考试举例，孩子考试不及格，父母跟他说："没关系，只要你高兴，不去上学都行，千万别委屈自己。"

放任型的父母要求性和反应性都很低。他们对孩子的成长不管不顾，看似给了孩子很大的自由空间，实际上则是不想因为孩子的事情让自己耗费时间与精力。这类父母很少走进孩子的生活，既对他们不做任何要求，也对他们没有任何情感。无论孩子考试成绩是好是坏，他们可能都不会过问，更不会鼓励或者安慰孩子。

4. 教养风格影响亲子关系

如果用一个形容词来评价您和孩子之间的亲子关系，您会怎样评价呢？是愉悦、和睦、默契、舒适还是冷淡、冲突、隔阂、疏远？要知道，您的教养风格影响着您和孩子之间的亲子关系。

专制型的父母可能会让孩子感到惧怕，也可能在他们心中埋下“复仇”的种子，亲子关系将变得异常疏远，父母和孩子之间甚至会发生剧烈冲突。

民主型父母能够让孩子感受到爱、温暖与尊重，因而能够和孩子拥有亲密的、愉悦的、和睦的亲子关系，而这种理想的亲子关系正是很多父母与孩子所期盼的。

溺爱型的父母表面上与孩子之间没有任何矛盾，但是孩子会在尝到甜头之后，无休止地提出不合理要求，最终会让父母疲于应对，心生不满，严重影响亲子关系的健康发展。另外，被宠坏的孩子一旦犯下不能被原谅的错误，他们会反过头来怪罪把自己变成这样的父母，亲子关系将变得岌岌可危。

放任型的父母很难与孩子产生任何良好的亲子关系，父母与孩子之间更像是熟悉的陌生人，冷漠、隔阂、对彼此毫不关心就是对这种父母与孩子间亲子关系的最恰当评价。

5. 教养风格对孩子的影响及建议

不同的教养风格除对亲子关系有重大影响外，对于孩子自身的人格成长也具有很强的影响力，这一点尤其值得我们关注！

教养风格	可能的养育优势	可能的养育缺陷	建议
专制型	锻炼孩子的组织能力、领导能力；使孩子尊重规则和法律。	僵化孩子的思想，使其容易受制于人；可能引起孩子的逆反心理，也可能使孩子变成一个“讨好者”。	给孩子一些自主空间和自由选择的权利；和孩子一起进行决策。
民主型	心理健康，情绪稳定；行为规范，性格坚韧；尊重自己，理解他人。	可能会因成为其他人羡慕、效仿的对象，无形中增加自己的心理压力。	教育孩子不能骄傲自满，做到“三人行，必有我师焉”。
溺爱型	能让孩子学会享受生活。	意志品质薄弱；贪得无厌；娇纵任性，无理取闹。	建立日常行为惯例；学会设立目标；尝试让孩子自己解决困难；允许孩子接受做错事的后果与责罚。
放任型	锻炼孩子独立自主的能力；心态上与世无争，比较随意。	冷酷无情，喜怒无常；人际交往能力薄弱；性格孤僻，难以融入社会。	关注孩子的日常生活；参与照顾孩子的家庭事务；与孩子多交流沟通。

实践应用

1. 召开一次家庭会议

如果您想对自己的教养风格以及与孩子之间的亲子关系有更加深入的了解，不如邀请孩子一起召开一次家庭会议，听听孩子的真实想法，让孩子给您提提建议。这里给您推荐几个家庭会议的议题，供您参考。

（1）“让我们重新认识彼此”——父母和孩子相互自我介绍，说一说各自姓名的寓意、兴趣爱好、对自身优缺点的认识、在单位或学校的生活概况，重新了解彼此，走进彼此的生活。（推荐给放任型教养风格的家长）

（2）“您是否真的为我好”——请孩子说一说父母做的哪些决定或行为对自己的学习与生活起到了帮助作用；哪些决定或行为让自己非常苦恼，给自己的成长带来不利影响。（推荐给专制型、溺爱型教养风格的家长）

2. 填写一份改善计划

此时，您可能已经了解自己的教养风格以及和孩子之间的亲子关系，如果您发现自己的教养风格存在问题，或者亲子关系有待改善，该怎么办呢？希望您能借鉴之前表格中“建议”一栏的做法，从与孩子的一次对话开始，慢慢调整自己的教养风格。如果您真的打算这么做，那么请将您的具体计划（做法）写在下面的表格中，最后核查能否实现，是否有效。

我的教养风格改善计划			
与孩子有关的事项内容	我先前的做法	我计划的做法	我想要达到的目的
示例： 报课外班	不和孩子商量，看他哪科成绩薄弱，就直接给他报相应的补习班。	询问他对薄弱科目的学习计划或打算，与孩子讨论报课外班的必要性，最终是否报班要尊重孩子的意愿。	给他一定的自由选择的权利，使他学会自己思考问题，对自己的生活负责。

3. 阅读一本书籍

任何工作都需要经过学习与培训才能上岗，“父母”这份无法辞职的工作也是如此。想要改变自己的教养风格、改善与孩子之间的亲子关系，就需要多读书，充实自己的头脑，让自己变得更加智慧。您可以从以下书籍中选择一本阅读，与身边的朋友或者您的孩子分享您的阅读心得。推荐书目有：《读懂孩子》《陪孩子终身成长》《新家庭如何塑造人》。

结束语

一个孩子成年后能否成材，很大程度上取决于其父母对他的教养风格，而他很可能又会将父母的教养风格当作自己的——用它来教养自己的子女。如此看来，作为父母，我们的教养风格不仅关乎孩子的个人成长，也关乎祖国未来接班人的培养，真的不能小觑。

附录

父母教养方式问卷

（Parental Bonding Instrument， PBI）

1.《父母教养方式问卷》概述

为了定义和评估父母教养行为的有效构成，Parker于1979年根据依恋理论编制了父母教养方式问卷（Parental Bonding Instrument，PBI）。众多的研究表明，PBI具有良好的信度，不存在性别差异，并且得分较少受到被试者抑郁水平和生活重大事件的影响；PBI常用于临床病人所受的教养方式对其心理障碍影响的研究，特别是抑郁和焦虑的某些症状表现，其效度也在成人群体、青少年群体、抑郁症患者、精神分裂症患者群体中得到广泛的验证。现在PBI已成为美国、西班牙、日本、中国台湾等国家和地区广泛使用的回顾性自陈量表。

2. 量表的内容及实施方法

父母教养方式问卷是评估个体对儿童时期（16岁以前）父母养育方式的认知的自陈量表，分为母亲版（PBI-M）和父亲版（PBI-F），各有23个条目，分为关爱、鼓励自主和控制三个因子。采用李可特4点计分形式，“0”代表“非常不符合”，“1”代表“比较不符合”，“2”代表“比较符合”，“3”代表“非常符合”。

3. 结果分析与应用情况

母亲版：

（1）关爱因子：1、2、4、5、6、11、12、14、15、16、22共11个条目，反映母亲对孩子温和、理解、支持；

（2）鼓励自主因子：3、7、13、19、20、23共6个条目，反映母亲鼓励孩子独立和自主；

（3）控制因子：8、9、10、17、18、21共6个条目，反映母亲过分干涉孩子的成长，严格限制孩子的自由。

其中，反向计分：条目2、4、14、16、18、22。

父亲版：

（1）关爱因子：1、2、4、5、6、11、12、13、15、16、22共11个条目，反映父亲对孩子温和、理解、支持；

（2）鼓励自主因子：3、7、14、19、20、23共6个条目，反映父亲鼓励孩子独立和自主；

（3）控制因子：8、9、10、17、18、21共6个条目，反映父亲过分干涉孩子的成长，严格限制孩子的自由。

其中，反向计分：条目2、4、14、18、22。

进一步根据关爱和控制因子的得分，把父母教养方式分为不同的类型。

权威型：高关爱、高控制

专制型：低关爱、高控制

民主型：高关爱、低控制

放任型：低关爱、低控制

母亲版：得分大于 29.62 为高关爱，小于 19.12 为低关爱；控制得分大于 8.64 为高控制，小于 1.98 为低控制。

父亲版：得分大于 27.17 为高关爱，小于 15.71 为低关爱；控制得分大于 7.62 为高控制，小于 1.38 为低控制。

4. 问卷内容

以下列出了父母可能存在的各种态度和行为。请回忆你 16 岁之前母亲或父亲的表现，在每一栏目最符合的数字上打“√”。0 分：非常不符合，1 分：比较不符合，2 分：比较符合，3 分：非常符合。

在我 16 岁前，我的母亲非常

（1）用温和友好的语气与我说话 0 1 2 3

（2）没有给我足够的帮助 0 1 2 3

（3）允许我做自己喜欢的事情 0 1 2 3

（4）情感上显得对我冷淡 0 1 2 3

（5）了解我的问题与担忧 0 1 2 3

（6）对我很疼爱 0 1 2 3

（7）喜欢让我自己拿主意 0 1 2 3

（8）不想我长大 0 1 2 3

（9）试图控制我做的每一件事 0 1 2 3

（10）侵犯我的隐私 0 1 2 3

（11）经常对我微笑 0 1 2 3

（12）似乎不明白我需要什么和想要什么 0 1 2 3

（13）让我决定自己的事情 0 1 2 3

（14）让我觉得自己是可有可无的 0 1 2 3

（15）在我心烦意乱的时候可以让我心情好起来 0 1 2 3

（16）不经常与我交谈 0 1 2 3

（17）试图让我觉得我离不开他 0 1 2 3

（18）觉得没有她在身边我就不能照顾好自己 0 1 2 3

（19）给我足够自由 0 1 2 3

（20）允许我自由外出 0 1 2 3

（21）对我保护过度 0 1 2 3

（22）从不夸奖我 0 1 2 3

（23）允许我随心所欲地选择穿着 0 1 2 3

在我 16 岁前，我的父亲非常

（1）用温和友好的语气与我说话 0 1 2 3

（2）没有给我足够的帮助 0 1 2 3

（3）允许我做自己喜欢的事情 0 1 2 3

（4）情感上显得对我冷淡 0 1 2 3

（5）了解我的问题与担忧 0 1 2 3

（6）对我很疼爱 0 1 2 3

（7）喜欢让我自己拿主意 0 1 2 3

（8）不想我长大 0 1 2 3

（9）试图控制我做的每一件事 0 1 2 3

（10）侵犯我的隐私 0 1 2 3

（11）喜欢与我商量事情 0 1 2 3

（12）经常对我微笑 0 1 2 3

（13）似乎不明白我需要什么和想要什么 0 1 2 3

（14）让我决定自己的事情 0 1 2 3

（15）在我心烦意乱的时候可以让我心情好起来 0 1 2 3

（16）不经常与我交谈 0 1 2 3

（17）试图让我觉得我离不开他 0 1 2 3

（18）觉得没有他在身边我就不能照顾好自己 0 1 2 3

（19）给我足够自由 0 1 2 3

（20）允许我自由外出 0 1 2 3

（21）对我保护过度 0 1 2 3

（22）从不夸奖我 0 1 2 3

（23）允许我随心所欲地选择穿着 0 1 2 3

如何做情绪稳定的父母

⊙ 张玉娇

导语

情绪看不见、摸不着，人人都有情绪，也经常体验着情绪。在养育孩子的过程中，我们不仅会因为孩子的童真、家庭的温暖而感受到无穷的快乐和幸福，也会因为自己身兼数个角色，游走在工作、家庭、孩子当中，而承受着挫折、担忧、焦虑等负面的情绪。亲子关系中不仅有母慈子孝，也会有呵斥、愤怒和惩罚。

人们常说父母情绪稳定是家庭最好的风水，可是为人父母的我们也很难做到永远心平气和。我们也常会因为发了脾气而自责，可是情绪上来了的确是克制不住。有句话说，孩子就像是父母的一面镜子，父母容易情绪失控，孩子也很难学会控制自己的情绪。可见，家长控制情绪对自身的生活、工作、人际交往有着重要的意义，对孩子的健康成长更有着非常重要的价值。

情绪管理，是每位父母都要面对的重要课题。怎么样才能管好自己的情绪，跟孩子好好交谈呢？希望这一章的内容能够为大家提供一些帮助。

情景再现

在电影《怦然心动》中，有这样一个情节：因为朱莉的爸爸坚持把自己的傻弟弟安置在家里，导致朱莉的父母爆发了一次剧烈的争吵。爸爸不想把自己的弟弟送到福利社去受罪，而妈妈则抱怨在家养着浪费了时间和金钱。这是朱莉见过父母最激烈的一次争吵，她吓得哭了起来。

这对夫妻之后是怎么做的呢？他们的表现接近完美。夫妻俩分别找了女儿，向她道歉。朱莉父亲告诉女儿："对不起孩子，这不是你的错，是爸爸妈妈没有控制好自己的情绪。"朱莉母亲告诉女儿："虽然与爸爸发生了争吵，但我们还是彼此相爱，也很爱这个家庭"。

朱莉父母很敏锐地察觉了自己的情绪和对朱莉的影响，并对朱莉做出真诚的解释，朱莉最终理解了父母，这不仅让她感受到了幸福和安全感，也为自己出生在这样一个积极向上并相亲相爱的家庭感到骄傲，还学会了像父母一样处理自己的情绪。

众说纷纭

很多父母应该不知道，在孩子面前的情绪失控（即使不是冲着孩子的），会对孩子的心理造成负面影响。就像影片中的朱莉一样，在她看来，父母吵架、发脾气，都是双倍叠加地指向她！

心理学上著名的“踢猫效应”，就描绘了一种典型的坏情绪的传染所导致的恶性循环——“一位父亲在公司受到了老板的批评，回到家就把沙发上跳来跳去的孩子臭骂了一顿。孩子心里窝火，狠狠去踹身边打滚的猫。猫逃到街上，正好一辆卡车开过来，司机赶紧避让，却把路边的孩子撞伤了”。

其实，生活中，每个人都是“踢猫效应”长长链条上的一个环节，遇到其他人，都有将愤怒转移出去的倾向。当家长沉溺于负面或不快乐的事情时，就会同时接收负面和不快乐的事。当他把怒气转移给孩子时，也会对孩子的情绪造成不好的影响，久而久之，就会形成恶性循环，不利于孩子的健康成长。

情绪虽然不能遗传，但情绪可以感染。父母的情绪会通过模仿、暗示、感染等心理机制传递给子女，对孩子稳定、客观的情绪形成很大的影响。如果父母自身拥有积极、正面、稳定的情绪，那么孩子的情绪也会比较稳定；反之，如果父母的情绪比较暴躁、易怒，那么孩子很容易在遇到问题时不自觉地采用父母的情绪反应，也变得易暴易怒，并且容易跟父母产生冲突，引发不良情绪。管理自己的情绪，对于家长来说是一项非常重要的命题。

影片推荐

影片名称：《头脑特工队》

剧情简介：小主人公莱莉一出生，她的大脑里就有了几位风格迥异的好朋友，它们分别是乐乐、忧忧、怕怕、厌厌和怒怒。这些朋友不仅陪伴着莱莉的成长，也给她的生活带来了很多的乐趣和烦恼。大多数时候，莱莉的大脑总部由乐乐掌管，因此莱莉能快乐地打冰球，和爸爸妈妈玩游戏等。但是，也有些时候，其他的情绪朋友会掌管大脑总部操作台，比如莱莉在看到电线时会害怕被绊倒，不让吃甜品时会愤怒地掀翻盘子，看到西兰花会厌恶，等等。每一个情绪朋友都很重要，但如何与它们更好地相处，是莱莉需要去学习的功课。

推荐原因：电影《头脑特工队》是皮克斯五年磨一剑的优秀动画片。它不仅让我们在观影过程中有笑有泪，还顺便科普了心理学知识。更厉害的是，电影把非常抽象的记忆和情绪，表现得好玩又可感，是一部非常值得亲子观看的关于情绪的教育影片。

启迪智慧

很多家长都有一种认知，认为负面情绪是不好的，甚至认为没有负面情绪的家长才是好家长。然而，生活本就是一曲交响乐，充满不同的声音。事实上，情绪并没有对错。我们常常把情绪划分成“正面”或者“负面”，只是代表情绪带给我们的感受是舒服或者不舒服。具体而言，家长可以用以下方法来管理自己的情绪。

1. 正视自己的情绪

情绪虽有好坏之分，但没有对错之别。情绪犹如信使，它的出现是在告诉你，你的一些需要没有得到满足，一些期待没有被实现。跟孩子生气的背后是希望他做得更好的期待，难过或许是因为没有感受到被在乎、被关爱、被重视。当负面情绪出现的时候，可以通过深呼吸让自己安定下来，并试着去看到它们在告诉你什么，情绪告诉你的你也可以告诉他人，取代惯用的指责和呵斥。比如“我听到你说……这让我很生气，我感受到……我希望你……”同时，任何情绪都有其积极的意义，比如悲伤让我们变得柔软，在寻求安慰时候，我们和家人朋友的关系更近了；比如紧张让人觉得不适，但适度紧张能提高注意力，让我们更好地完成任务，等等。可见，负面情绪并不可怕，关键是如何去处理和应对这些情绪。

2. 尝试积极暂停

当家长真的由于工作原因发脾气、和伴侣吵架或者和孩子生气时，可以尝试积极的暂停，给自己点时间放空一下。这个时候，你可以对孩子说：“妈妈 / 爸爸需要几分钟冷静地平复一下。”这也给孩子做了个好榜样——当有负面情绪来临时，可以选择先让自己冷静下来再去处理事情。

3. 尝试理性情绪疗法疏导负面情绪

美国著名心理学家埃利斯（Albert Ellis）提出，人的情绪是由他的思想决定的，即合理的观念导致健康的情绪，不合理的观念导致负向的、不稳定的情绪，这个理论就是情绪 ABC 理论。理论中的 A（Activating Events）指的是外界的诱发事件；B（Belief）指的是我们对于有大事件所产生的信念，即看法、解读或者评价；C（Consequence）就是我们做出的行为或者情绪反应。我们往往会只看到事件本身（A）和所做出的反应和举动（C），认为两者有直接的相关关系，但是埃利斯表示，A 和 C 只是事情的冰山一角。如果要还原整个逻辑全貌，那还要加入信念（B）的作用。人们的信念（B）可以是合理的、有理性的，也可以是不合理的、不理性的。

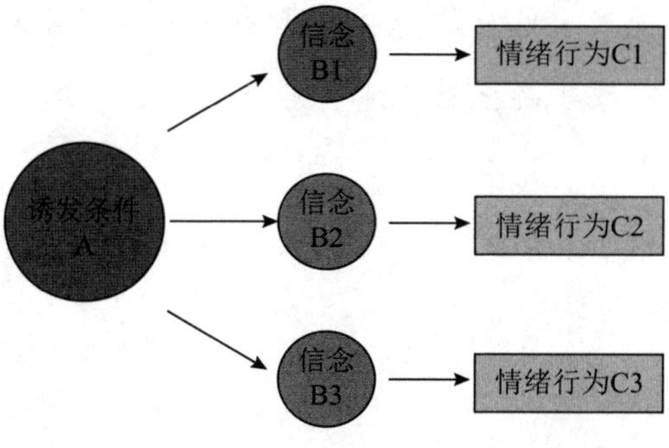

比如孩子已经进了演讲比赛的决赛，最终不想参加了，家长认为孩子不上进，非常生气。但通过沟通发现，是因为孩子过分追求完美的心态，所以做出不参加决赛的决定。由此我们可以发现，决赛这个事件（A）和孩子不愿意去参加的反应（C）之间，家长具有“不参加决赛就是不上进”这种以偏概全的不合理信念。理性的信念应该是一种从孩子角度出发去思考不参加的原因，比如是因为过分追求完美、怯场，还是因为害怕别人会因此嘲笑自己而不参加呢？而非理性信念就是“不参加决赛就是不上进”这种以偏概全的想法，甚至有家长会有“孩子干什么都成不了”的判断。

那家长具体要怎么做才能处理好非理性信念，促进亲子关系的发展呢？

步骤一：梳理事件本身

可以和孩子一起回忆事情的发生，追根溯源去摸清来龙去脉。例如，家长可以和孩子一起回忆之前参加过的演讲比赛，当时是什么情况、孩子又是什么表现，这次的演讲比赛是什么难度和状况等。

步骤二：定位并驳斥非理性信念

家长可以去了解孩子到底是什么心理，为什么他会不想去参加比赛，是什么样的原因让他产生这样的念头和想法。避免盲目给孩子下“干什么都成不了”的判断。孩子的抵触情绪背后往往有很多的心理原因，所以家长一定要耐心倾听、悉心引导，让孩子吐露心声。

例如，孩子不想参加演讲比赛是因为太追求完美、认为自己无法达到自己的要求，家长可以这么问：

（1）反问法

你不去尝试，怎么会知道自己是否能够成功呢？即使达不到要求，难道你就放弃了吗？难道你就是一个挑战妥协的人吗？

（2）对比法

相对于那些已经被淘汰的学生而言，你的能力已经是公认的比他们强，你应该对此感到自信，迎难而上，挑战自己。

（3）就事论事

考虑到你自己的水平和这次演讲比赛的难度，客观来说，只要你做好准备并努力练习，是可以表现优秀的，所以你没有必要去胡思乱想。

（4）失败也是成长

没有一个人生来就是冠军，所有人都需要在不断地尝试和学习中历练自己的能力。如果你真的希望做到更好，你就应该给自己更多成长的机会，屡败屡战！

（5）专注完成事情的过程

我们应该更关注事情的过程，和完成事情本身带来的愉悦感，而不是结果如何，毕竟不是所有事情都会按照你想要发生的轨迹运作。所以如果你努力了，事情还是没有如意，那么不怪你，而你也不会因为没有尝试而后悔。

步骤三：和孩子一起建立新的理性信念，做出积极的选择

家长驳斥了原先对孩子的错误判断等非理性信念，还可以进一步帮助孩子树立新的理想信念。例如，不是所有事情都能够像我想的一样发生，演讲比赛的评委的评判标准和其他同学的水平我都无法左右，但是我能够做的是努力练习和积极应对，这么做我才不会后悔，而且我还可以因此锻炼自己的演讲能力。

实践应用

活动一：情绪日记

情绪就像天气一样，会有周期变化，情绪日记是另一种情绪觉察方式。采用像写日记一样的方式，记录下每天的情绪波动的变化、产生的情景、持续的时间以及变化的关键。我们每天经历着不同的事情，会有不同的情绪变化，将这些情绪变化整理成情绪日记，更有利于我们觉察自己的情绪。

情绪日记（范例）

<table>
<tr><td rowspan="4">日期</td><td colspan="6">清晨——————————————睡前</td></tr>
<tr><td colspan="6">重要事件</td></tr>
<tr><td>情绪</td><td>痛苦</td><td>紧张</td><td>快乐</td><td>生气</td><td>满足</td></tr>
<tr><td>原因</td><td>从被窝里爬起来，起床</td><td>今天单位有考核考试</td><td>考核成绩不错，受表扬</td><td>孩子成绩不太理想</td><td>孩子主动说要更努力</td></tr>
<tr><td></td><td>正向</td><td></td><td></td><td></td><td></td><td></td></tr>
<tr><td></td><td>负向</td><td></td><td></td><td></td><td></td><td></td></tr>
</table>

活动二：正念训练

正念这个概念起源于佛教，是从坐禅、冥想发展而来的一种自我调节的方法，但是它不属于任何一种宗教。这种方法强调的是有目的、有意识地将注意力集中于当下，对当下的观念和事物不做评判和反应。其实正念是我们与生俱来的能力，可以帮助我们有效地管理思想，而思想对身体和心理健康至关重要。更重要的是，通过正念，我们可以慢慢发展应对情绪的力量和平和生活的能力。以下是三种日常生活中的正念训练方法。

（1）身体扫描：仰卧，闭上眼睛，深呼吸。每次呼气时，体会身体变得更重更放松。依次将注意力放在脚、腿、臀部、腹部、胸部、颈部和头部，并体会任何感觉。如果没有特别的感觉也没有关系，重点是依次关注各个部位。呼吸时，让身体的各个部位放松并充分释放紧张感。

（2）正念行走：这是基本的行走加上更多的注意力。保持直立姿势。关注身体感觉，注意腿、脚或整个身体有什么感觉。欣赏周围的环境，体会气温和风吹过的感觉，体会空气的味道。任何时候都是正念走路的好时机，尤其是在生气时。

（3）腹式呼吸：选择一个舒服的位置，一只手放在腹部胸肋下缘，闭上眼睛，用鼻子慢慢地、深深地吸气，仔细感受空气的进入，感受腹部向外鼓出。保持吸气 3—5 秒，直到肺部充满空气，保持 3 秒。缓慢地用嘴呼气，仔细体会气流从嘴唇流出的感觉，呼气 3-5 秒，在呼气的同时，腹部回收。赶快试一试吧。

结束语

情绪管理说来容易做来难，但它是值得的，因为对你和你的孩子回报巨大。“你对事情作何反应也将成为他们对事情的反应。如果你想让孩子自控，首先你得学会自控。”

当不良情绪积累到一定程度，就容易有状态失控的时刻。不愿发生“脾气暴走”，关键在于情绪的接受和疏导，不断地去体会与行动，给自己的生命赋能，对孩子的成长负责。愿我们与孩子互相理解，同他们一起学习、一起成长，收获和谐的亲子关系与更成熟的自我。希望我们都可以用温柔的力量去改变，而不是用愤怒的力量来遗憾。

如何保持良好心态，陪孩子“慢慢长大”

⊙ 梁涧溪

导语

作为家长，一方面我们要面对来自社会、工作、家庭的各种压力；另一方面，我们都对自己的孩子有着美好的期待，对他们的成绩与成长格外关注。当来自工作与养育的双重压力袭来，我们有时难免会觉得“喘不过气来”“无法维持平和的心态”，特别是，当我们看到别人家的孩子非常聪慧、优秀的时候，更是难免会拿自己的孩子做比较：“我的孩子怎么就是不行？”“我和他爸爸都是名牌大学毕业，为什么孩子在学习上就这么不开窍”“孩子学习不行将来可怎么办？”作为家长的我们该如何进行自我压力管理？怎样调整心态陪孩子慢慢长大？让我们带着问题与思考开启这一节的内容。

情景再现

涵涵父母都是名牌大学毕业的精英，他们对自己的孩子满怀信心，觉得自己的孩子将来的发展至少要比自己更好，要成为一名出类拔萃的尖子生。于是每年都在涵涵放暑假之前，就已经为她制订了一份“全面”的暑期计划：包括钢琴、跆拳道等共 11 门课程。在接受采访的时候涵涵妈妈说到：“选这些，是经过慎重的考虑才定下来的，这里面包含了德智体美，非常全面，能让孩子度过一个非常有意义的暑假。而且身边的家长都给孩子报名了，如果自己的孩子不学，那在和其他孩子的竞争中肯定要落后的，所以一定要学！”涵涵的时间每天被安排得满满当当，白天忙忙碌碌，到了晚上，涵涵不仅需要练习，还要完成学校布置的暑假作业，仍然没办法休息。一周 7 天，11 门课程，完全没有娱乐时间。涵涵非常委屈地说：“我一点也不想放暑假，假期比上学还累，累趴下了！有很多内容都不是我想学的，真的是太累了，我讨厌学习。”

众说纷纭

面对压力，不同的家长有不同的感受和想法。

被动接受型——有的家长说：“我们和涵涵的父母有同样的烦恼。我和孩子爸爸也都是外地考学来到大城市，然后留在大城市工作生活的，对于我们来说，本来就有很强的‘危机感’，特别怕被这个社会淘汰。所以我们可能不自觉地把这种危机感传递给了孩子。我们有时候也知道孩子其实应该多一些自由安排的时间，但是没办法啊，别人都在努力学习，你不加倍努力，不就被淘汰了？”他们选择被动接受这种压力，并把它再传递给孩子。

逃避放任型——有的家长说："开始我们压力也很大，总是和孩子'较劲'，后来也没什么改变。现在我们就随他去了，该有什么结果就是什么结果，不想再有压力让自己焦虑了。"这些家长面对压力，无计可施，索性放下压力，任由孩子发展。

积极面对型——还有家长说："我们主要是根据孩子的实际情况，当然也参考了其他孩子的情况，因为毕竟大家要在一起竞争的，现在不学倒是快乐了，但是以后怎么办呢？"他们选择积极面对压力环境与自己的内心想法，努力实现二者的平衡。

灵活调整型——也有家长说："之前我也是这样的，对于孩子有诸多的要求，但是后来发现是自己把来自社会、工作、家庭的压力、焦虑转移给孩子，自己没有处理好自身的压力，总是比较、焦虑。后来有一天孩子表现出来特别抗拒去学校、特别害怕考试，我们才意识到，这样做给孩子的心理带来了很大的伤害。后来我们慢慢调节心态，尽量不把工作中的事情、压力带到生活中，允许孩子比别的同学慢。一段时间以后，孩子也没有那么紧张了，状态也越来越好了。"这些父母选择接纳孩子的真实状态，并引领孩子成长。孩子个性化发展，慢慢成为最好的自己。

启迪智慧

其实上面的案例，都表达了家长在养育孩子过程中不同程度的压力。那么，我们的压力又从何而来？

1. 个体存在不合理认知，过于追求完美

有的家长认为，孩子如果没有一个好成绩将来就不能上好大学，不能

上好大学将来就没有好出路、好生活，所以每每想到这里，就会觉得压力很大、非常焦虑；还有些家长总希望自家的孩子什么事情都能做到更好，总是有越来越高的要求，别人都觉得自家的孩子已经很优秀了，可是父母却总是要求孩子每次都要做到最优秀。

2. 过于在意外界环境，攀比心太重导致压力过大

有的家长总是希望自己的孩子能够比别人家的优秀，非常在意身边的孩子学习到什么程度，唯恐自家孩子落后。甚至在关键时刻，都是以攀比心为出发点，别的孩子做什么，自家的孩子一定要比别人家的孩子更出色，认为这样孩子将来才能有一个好的前途。如果一旦自己的孩子不如别人，就会担心不已。总之，越和别人比，压力就越大、越痛苦，焦虑一层层升级。

在了解了作为家长的我们因何产生压力后，我们再来看下如何自我调节压力，走出焦虑情绪。

（1）掌握放松方法，快速调整、平静情绪

当我们感觉压力来袭时，首先可以尝试使用眼球移动放松（EMT）。具体方法是首先集中思想于让自己感到有压力的事，直到认为自己的忧虑程度达到 6 度以上（完全无法忍受的程度为 10 度）。然后保持头部竖直不动，飞快地在左右两个物体之间转动眼球 25 次。再次评估一下自己的压力程度，它至少下降了 2 度。再重复一次眼球运动，进行自我放松，尽量让情绪平静下来，直到压力不再影响你的正常状态为止。

（2）保持适度压力，了解孩子的特点，鼓励个性化成长

当我们把压力事件看作挑战，我们会产生积极的情绪反应，比如兴奋、愉悦。心理学家耶克斯和多德森德研究证实，中等程度的压力最有利于任务的完成。所以，对于孩子的发展，家长切不可压力过大，不要看到别人

孩子学什么，自家孩子就盲目跟风学什么，别的孩子在某些方面有天赋，不一定代表自家的孩子在同样的事情上也很有能力。保持适度的压力，充分了解自己孩子的特点，根据他的特质选择适合孩子的发展路径，鼓励孩子的个性化成长，尊重孩子的意愿，有时候往往会有事半功倍的效果。

（3）最重要的是我们要尝试调整自己的不合理认知

依据心理学家埃利斯的 ABC 理论：人的情绪不是由某一事件本身所引起，而是由经历这一事件的人对这一事件的解释和评价所引起的。这就是 ABC 理论的基本观点。在 ABC 理论模式中，A 是指发生的事件；B 是指个体在遇到诱发事件之后相应而生的信念，也就是他对这一事件的看法、认知；C 是指个体的情绪及行为的结果。也就是说，是我们的观念、认知在影响着我们产生焦虑情绪。所以，调节自我压力、走出焦虑情绪的第一步是要调整自己的不合理认知。

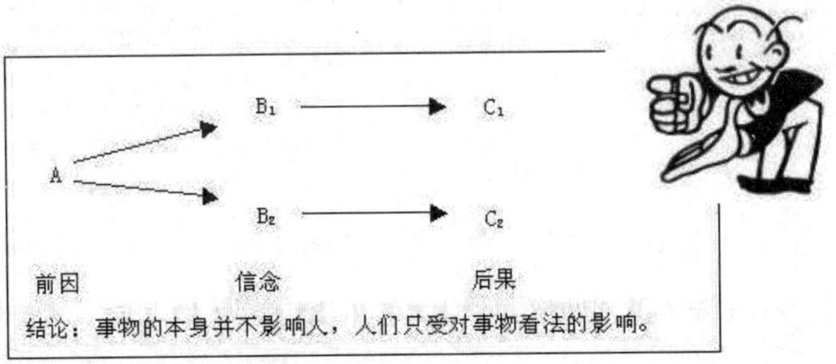

我们家长常出现的不合理认知主要有以下三种。

一是绝对化要求。往往要求孩子“必须……”“一定要……”。例如：“你必须听我的话”“你一定要考出好成绩”等。它具体体现在家长对孩子不符合实际的过高期望上，典型特征是不顾及孩子的具体情况，而是以家长的意愿为准绳，强制孩子去达到。

二是以偏概全。常把“有时”“某些”过分概括化为“总是”“所有”等，以某一件或某几件事来评价孩子的整体价值。例如：“你这孩子，教你多少遍了还是不会，就不是学习的料”“期中考不好，期末也好不到哪儿去，学习没指望了”等。我们应该认识到“金无足赤，人无完人”，每个人都有犯错误的可能性，孩子在成长过程中的很多所谓的“错误”和“缺点”都是很正常的，而且很多特质正是孩子的闪光点。缺乏对孩子的了解和认识，就会使家长陷入以偏概全的不合理评价。

三是糟糕至极。认为如果一件不好的事情发生，那将是非常可怕和糟糕的、没有办法接受的。例如：“孩子没考上好大学，一切都完了”“孩子学习成绩太差了，不会有前途了，将来可怎么办”。对于孩子成长中的问题，我们应该用发展性的眼光去看待，把孩子当成发展中的人，不能以一时的成败、对错来定义孩子的未来，而且很多问题的出现其实正是孩子成长、进步的契机。

尝试应用

请您尝试与下列不合理观念进行辩驳，进行压力想法的转化。

压力事件	不合理观念	压力想法转换
孩子做题总是不认真、小错不断	这么不认真，考试肯定考不好	犯错的过程也是孩子成长的过程，我可以怎么帮到他呢？
孩子学习比别的同学慢半拍	这可怎么办？孩子落后了，将来肯定竞争不过别人了	
孩子学习习惯不好	都到现在这个年纪了，还有很多好习惯都没有养成，孩子是没有未来了	
孩子总是犯错误被老师找家长	我也没办法了，管不了这孩子了，算了随他去吧	

结束语

作为家长，在面对压力时主动进行自我调节，一方面，有助于我们保持积极的情绪状态，让自己的心灵得到滋养与成长，拥有稳定、平和的生命状态，从而在养育孩子的路上更有耐心、更加从容。另一方面，父母是孩子的第一任老师，孩子也会通过家长的言传身教，使得内心更加充盈，能够在遇到困难时积极面对，保持良好的心态，增强自我的生命韧性。

请相信，每个孩子都是一颗花的种子，只不过每个人的花期不同。放平心态、顺势而为，精心浇灌、静待花开，每个孩子都会绽放出自己生命最美的样子。

孩子犯错时，家长怎么办

⊙ 关玉环

导语

在孕育生命之初，身为父母的我们在这个小生命身上寄予了很多美好的期待，我们会反复思考一个问题："希望孩子是什么样的？希望宝贝将来有什么样的人生？"无一例外，几乎每一对父母都会说，希望自己的孩子健康、善良、自信、聪慧、坚强、勇敢……父母想把世间所有美好的品质都给予这个可爱的小生命。

随着孩子的成长，父母们发现，孩子并不会自己长成，养育是一项非常考验智慧、耐力和技巧的事业。教育孩子不是只要有爱就可以。在疲于应付孩子成长中的各种问题时，父母们可能会失望：为什么孩子跟我想象的不一样？可能会怀疑：我真是一个合格的妈妈/爸爸吗？也在不断叩问：孩子犯错时，家长到底应该怎么办？

如果您看到这篇文章，先给自己点个赞，欣赏自己的觉察力和成长力，然后再给自己一个拥抱，告诉自己：我不是一个人在战斗。让我们怀着好奇和希望，一起探索如何面对孩子成长过程中的那些“错误”吧！

情景再现

作为一名老师，我时常能够发现家长在处理孩子的错误时的差异。这种差异能够在孩子的性格、社交技能等很多方面有所体现。请你想象有这样一个情境：

> 有一天，你的孩子在学校里和同学发生了矛盾，在争执的过程中，他（她）把同学的脸部抓伤了。班主任了解了事情的来龙去脉，得知事情是由你的孩子引起的，所以让他（她）向同学道歉，握手言和。然而，孩子无论如何都不道歉。此事悬而未决，班主任每天都会询问孩子。孩子开始拒绝上学了。

假设遇到下面的情境，作为家长，您会选择如何处理？

第一种：替孩子道歉。孩子就是这性格，也不是什么大事儿，我会主动向对方家长道个歉，息事宁人就行了。

第二种：责怪老师。孩子还这么小，又不是大事儿，老师天天催促，都给孩子留下心理阴影了。

第三种：换个环境。孩子没办法面对老师和同学了，换个班级自然就好了。

第四种：责备孩子。孩子怎么这么笨啊，这点事儿都处理不好，以后还怎么跟人相处，怎么适应社会。

第五种：命令或利诱孩子道歉。确实是孩子的错，严厉地要求孩子向同学道歉，孩子不从，就以礼物或奖励诱惑孩子向同学道歉。

第六种：鼓励孩子承担责任。把错误看作孩子成长的机会，和孩子好好聊聊，了解他（她）在面对冲突时的想法和感受，鼓励他（她）在这次错误面前勇敢承担责任，主动道歉，并教会孩子以后和同学发生矛盾，可以用哪些合理的方式去解决。

众说纷纭

在以上的情境中，家长的不同应对方式能够反映出家长在育儿的过程中的不同观念，以及可能给孩子带来的影响：

应对方式	观念	对孩子的影响
替孩子道歉	孩子犯错很正常，错误没有什么意义，不需要重视	依赖他人、无法独立
责怪老师		转移责任，都是别人的错
换个环境	孩子遇到困难了，说明不适应现在的环境，换个环境自然就好了	逃避，埋下更大的隐患
责备孩子	孩子最好不要犯错，犯错了就一无是处，无法改变。只看到孩子给自己带来了麻烦，没有意识到孩子就是在错误中成长的。	害怕犯错，小心翼翼，一旦犯错可能会自责或者逃避责任
命令或利诱孩子道歉	错误必须要纠正，只要改变了孩子的行为就可以了。结果比过程更重要。	懦弱或功利
鼓励孩子承担责任	孩子是有能力改变的；错误是机会，教孩子从错误中成长是更重要的，值得花时间和精力。	不怕犯错、勇于迎接挑战

孩子犯错很常见。家庭教育的质量往往就体现在父母是如何处理孩子成长中遇到的困难。不同的应对方式反映出你是持有何种观念的家长。

无论是包办代替、转移责任、逃避、责备孩子还是强制孩子改变，究其根源都是家长内心中存在着这样的想法：孩子的才能、性格、爱好都是天生的，是无法改变的。这是典型的固定型思维。这种思维方式会给孩子传达一种信号：如果我遇到了困难，说明我在这方面没有天赋，即使努力也无法改变现状，努力是没有意义的。

有智慧的父母却能够把错误看作成长的机会，认为才能、性格、爱好是可以通过学习、努力而培养的。这是典型的成长型思维。这种思维方式会给孩子传达另一种信号：困难或错误是成长的机会，迈向成功的路是努力铺就的。

知识链接

成长型思维VS固定型思维

斯坦福大学心理学教授卡罗尔·德韦克提出人类普遍存在两种思维模式，并且可以通过训练来改变。

拥有成长型思维的人，认为人的智慧和能力是可以通过自己后天的努力和学习改变的。

拥有固定型思维的人，认为人的智慧和能力是天生的，后天无法发生显著的改变。

特殊说明：各位家长，我们在这里探讨的是绝大多数孩子的情况。事实上，的确有极少数孩子会因为发育不良、意外事故等因素导致某方面能力不足，并且无法改变，但是他们仍然能够通过成长型思维在其他方面获得成长。

启迪智慧

对于家长来说，两种思维方式在养育孩子方面有什么区别呢?

情况	固定型思维	成长型思维
对待错误	错误是不好的，没有价值。 例如，老师反映孩子给同学起绰号，家长可能会说：你跟谁学的呀，真是不懂礼貌，你这样谁愿意跟你做朋友啊。	错误是有意义的，指明了前进的方向。 例如，家长可以说：给同学起绰号是非常不礼貌的行为。经过这件事，你会明白即使是开玩笑也要适度，与同学交往要懂得换位思考，考虑他人的感受。
对待批评	贴标签、模糊、过于概括。 例如，家长忙了一天回到家，特别疲惫，看到孩子把玩具丢得到处都是，房间被弄得一团糟。家长可能会说：你这孩子真是不懂事儿，一点都不让我省心。	就事论事，客观、具体、提出改进办法。 例如，家长可以说：妈妈/爸爸今天特别累，看到你把玩具摆得很乱，没有收拾，很生气，也很难过。如果你能把玩具整理好，放整齐，我会感到很欣慰。
对待表扬	标签化，追捧天赋。 例如，孩子长跑比赛获得了第一名，家长可能会说：你太棒了，真是个天才。	具体、明确有指导意义。 例如，家长可以说：你的体能比较好，有耐力，继续保持哦。
对待困难与失败	否定能力，劝说放弃。 例如，学校舞蹈队选拔，孩子落选了。家长可能会说：你没有舞蹈天赋，不用再试了，试试别的方面，说不定有你擅长的。	困难是暂时的，相信孩子是可以克服的。 例如，家长可以说：这次没被选上不代表你能力不行，我们可以问问老师，然后不断改进，你会表现得越来越好的。
对待新挑战	权衡利弊，只做有把握的事。 例如，孩子没有经验，但是想竞选班长。家长可能会说：你没有这方面的经验，人缘也不是很好，成功的可能性很小，到时候失败了多丢人啊，还是不要尝试了。	鼓励孩子走出舒适圈，迎接挑战。 例如，家长可以说：你勇于做新的尝试，我们很开心，也支持你。即使最后没有成功，也一定收获了很多宝贵经验，这比结果更重要。
对待努力	否定努力的价值。 例如，孩子付出了很多努力，终于实现了目标。家长可能会说：你这么努力才实现目标，看来你在这方面还是没有天赋。	珍视努力的价值。 例如，家长可以说：付出就一定有收获。努力是值得的，你这次表现得很好！为你点赞！
对待他人的成功	做简单的结果对比。 例如，看看xxx，你要是像他/她一样就好了。	将他人的成功看作学习的机会。 例如，你可以问问他是怎么做到的，我相信你只要努力也一定能做到。

很明显，拥有成长型思维的家长，更能够以一种开放、包容和发展的态度来看待孩子的表现，对孩子的评价和引导也更加客观、积极、有建设性。在这样的家庭氛围中成长，孩子是自信的，他们相信自己的能力是可以不断培养的；孩子是勇敢的，他们明白过程比结果更重要；孩子是坚韧的，他们相信努力是有价值的；孩子是具有大格局的，他们认为这是让自

己成长的好机会！

家长们可以通过一些视频和图书来了解成长型思维。

资源推荐：

1. 成长型思维视频：

《泰国励志短片：菠萝冰棍》

2. 成长型思维书籍：

（1）《终身成长》（江西人民出版社）

（2）《成长型思维训练：12个月改变学生思维模式指导手册》（上海社会科学出版社）

（3）《可见的学习与思维教学》（中国青年出版社）

尝试应用

虽然我们大多数人都是固定型思维和成长型思维的混合体，但是根据研究表明，人们可以通过训练来让自己拥有更多的成长型思维。这里有两种工具可以来帮助家长在养育孩子的过程中实现思维转变。

工具一：思维观察日记

填写说明：当你在养育孩子的过程中，遇到阻碍，对孩子的能力产生怀疑的时候，你可以利用这个工具来记录自己的思维活动，并尝试进行思维转换。在第一列中，用简短的语言描述触发固定型思维的事件；在第二列中，记录下你当时对孩子产生的想法或者做出的回应；在第三列中，填写你调整之后的想法和语言。我更希望你付诸实践，用成长型思维对孩子进行一次新的回应。

我的思维观察日记 时间： 记录人：		
触发事件	固定型思维 相信孩子的智力和能力是固定不变的；结果说明一切	成长型思维 相信孩子的智力和能力是可以不断提高的；过程比结果更重要。
孩子连续几次考试不及格。	孩子天生就不是学习的料儿，怎么努力都没有用的。	孩子可能是在学习方法或者学习习惯方面存在问题。接下来，我需要帮助他找到原因，及时调整，相信孩子一定能够获得理想的成绩。
看到/听说孩子的同班同学方方面面都很优秀。	这孩子的爸爸妈妈真有福气，若是我家孩子也像他一样优秀就好了。	孩子跟同学在很多方面相比的确是有差距的，但是不代表孩子没有潜力。我可以问问他们是怎么培养孩子的，多尝试，一点一点地去调整，一定会有收获的。

工具二：成长型思维计划

填写说明：当你发现自己在养育孩子的过程中出现问题，急需改变的时候，你可以利用这个工具，给自己列出改变的计划，帮助自己实现目标。将可能遇到的阻碍、可以利用的资源、自己的行动，写得越详细越好，这样有助于你进行自我监督，并真正解决问题。

我的成长型思维计划

在养育孩子的过程中，我遇到的问题是孩子遇到困难总是退缩。

我解决问题的最终期限是半年左右。

为了解决我的问题，我需要的资源是一些书籍、有经验的老师。

为了解决我的问题，我需要做的事情是相信孩子，多鼓励孩子。

我解决问题的障碍有缺乏耐心。

为了克服这些障碍，我需要提醒自己放慢节奏。

如果我的计划不起作用，我将自我反思，调整方法或寻求帮助。

我的固定型思维也许会说放弃吧，这是孩子天生的性格，改变不了。

我的成长型思维会说我坚定地相信孩子的能力是可以培养的，我会把这一点传达给孩子。

以下的一些表现会让我知道我已解决了我的问题：

（1）孩子遇到困难，会认真思考如何解决了。

（2）孩子会主动做一些事情来面对困难了。

（3）孩子不惧怕困难，而且把困难当做成长的机会。

结束语

有人说，人生是一场马拉松。作为家长，你肯定希望孩子在这场征途中脱颖而出。你要明白：在成长的过程中，孩子有所失误是很常见的，一时的停滞甚至倒退，往往是在为下一次冲刺蓄能。孩子能够赢在未来才是你真正的目标。当孩子跑累了或者偏航了，快要放弃时，成长型思维就是那个能够让他重拾信心，继续前进的力量。培养这股力量的奥秘并不复杂，你只需要坚信并教给孩子：一个人的智力、能力、品质可以通过后天努力来改变。这就是成长的力量！

如何引领孩子“自驱”成长

⊙ 李墨丹　宋雪

导语

在有些父母眼中，孩子就是他们的附属品。孩子的事无论大小，都要亲自安排并密切监督，似乎想把孩子生命中的每一分每一秒、每一个成长节点，都牢牢攥在自己手中。

但是，孩子是独立的生命。家长以“爱”和“都是为你好”为名义的过度掌控对这样一个日新月异的生命而言是那么的难以承受，于是家中的吵闹、冷战，甚至更糟糕的事纷至沓来。

陪伴成长的路上，需要爱，更需要“合适的智慧”。面对眼前这些林林总总的养育困境，我们能不能想出真正有益成长的办法呢？希望本节内容可以给您带来一些新的启发。

情景再现

2020 年 5 月的一天下午，安徽某学校。一个情绪激动的男孩，站在学校宿舍 5 楼的阳台外。

不久前，他在宿舍里留下了一张字条，上面写着想对父母说的话：“对不起，你们去生一个更好的吧。……我控制不住自己玩手机，对不起。”

此刻的形势实在太过紧急，男孩随时可能坠楼！同学们焦急地在楼下呼喊他注意安全，还找来一床被褥，试图形成一个简易“救生垫”，在男孩坠落时将其接住。

后来，幸亏消防队员及时赶到，这才化险为夷。

众说纷纭

不可否认，手机已成为人们日常生活中最不可或缺的物品。而与此同时，由它引发的亲子矛盾也越来越多、愈演愈烈。

在和手机“抢夺”孩子的战斗中，常遇到这样两派家长：

一是强硬派：将手机没收或将游戏卸载，如果发现孩子再偷着玩，就继续加大监控和管教力度。

二是示弱派：几回合下来，父母奈何不了孩子的反常或过激言行，只好败下阵来，压着火听之任之。

其实，作为父母的我们都清楚：无论采取上面哪种做法，这场争夺战最终的失败者都是我们——因为原本温馨的家庭氛围与和谐的亲子关系已在战斗中荡然无存。同时，我们也不得不承认，手机本身并没有错，而当初决定给孩子买手机更是自己一份爱的表达。

启迪智慧

正所谓“强扭的瓜不甜”，越是试图控制孩子，你就越得不到想要的结果。如果家长一味用自己的身份冠以“爱”的名义去禁锢孩子，让孩子习惯于被外力所驱动，那就必然会剥夺孩子内驱力的发展空间，甚至有可能会发生我们无法承担的后果。

近年来的脑神经科学研究显示：父母把孩子控制得过紧，致使孩子面对着严重或慢性的压力，会让孩子发育中的大脑的杏仁核变大，导致前额皮质持续紧张，结果会造成孩子反复受到焦虑和抑郁情绪的影响。

知识链接

为什么不适宜的压力会导致孩子出现学习困难?

在人的大脑中，共有三个部分与学习和决策有着密切关联，它们分别是前额皮质、杏仁核和海马体。

• 前额皮质：也称前额叶皮质，通常被认为是脑部的命令和控制中心，注意、处理等较高层次认知功能在这里得以运行。但前额皮质有一个弱点，那就是：一旦压力过大就会“掉线”，也就是压力会使它无法再担负起做决策的重任。举个例子来说，我们在生气时经常会感觉“脑子一片空白，气得说不出话来”，这其实就是前额皮质“掉线”的结果。而当前额皮质“掉线”后，接替它工作的便是“杏仁核”。

• 杏仁核：附着在海马的末端，呈杏仁状，是边缘系统的一部分，是产生情绪、识别情绪和调节情绪，控制学习和记忆的脑部组织。人的很多情绪波动、易怒易冲动的行为，都与它对大脑的掌控有关。

• 海马体：位于大脑丘脑和内侧颞叶之间，属于边缘系统的一部分，主要负责长时记忆的存储转换和定向等功能。

如果压力始终存在，肾上腺就会进一步分泌皮质醇，它的浓度在人体内慢慢上升，以帮助身体应对压力。高浓度的皮质醇产生后往往会在人体内保留几天、几周，甚至几个月的时间，消解的过程比较缓慢。当人持续存在压力，并且不断有新的压力产生时，这些高浓度的皮质醇不仅无法消解，还会弱化海马体里的细胞并最终杀死它们，而海马体正是创造与储存记忆的地方。这就是学生在不适宜的压力下产生学习困难的原因所在。

所以，与其像个“人形闹钟”一般，时刻督促孩子何时做事、如何尽事，让生活中的压力指数升级，不如学做“顾问型家长”，让孩子“自驱型成长”。

所谓“顾问型家长”，他们充当的是为孩子提供咨询和指导的角色，而不是一个发号施令的老板。他们把成长的责任交给孩子自己，会提供建议和帮助，但不逼迫孩子改变。

事实也证明，“顾问型家长”会培养出更多对自己负责的孩子，且亲子关系健康和谐。孩子的身心健康、性格、各方面能力都发展得更好。

具体来说，做“顾问型家长”，最重要的是做好以下两点：

1. 在孩子不需要帮助时，不插手，把主动权交给孩子

很多家长养育孩子，不是根据孩子的需要来，而是依据自己的需要。

比如孩子小的时候，明明有能力自己吃饭，只是吃的到处都是，样子不太好看，家长们因为自己看不下去，忍受不了不干净、速度慢，就拿过碗筷给孩子喂饭；孩子的学习、作业问题，家长总怕孩子会出错、学不好，因此干涉很多，不停催促、提醒、指手画脚，结果让孩子压力更大，产生厌学情绪……所以养育孩子中的许多问题，根源不在孩子，而是家长的怀疑、着急、焦虑，把孩子成长的责任大包大揽在自己身上，做了过多的事情，反而造成了负面效果。

可是，只有当孩子能够掌握主动权，才会更有效地锻炼独立思考能力，进而调动经验、调整行为应对挑战。久而久之，他便成了一个拥有信心与智慧应对未知风雨的人。

因此，在您想插手的时候，请先问问自己这件事是孩子的责任，还是父母的责任；这是孩子向您求助的，还是您为了满足自己的需要而做的。

2. 在孩子需要帮助时，能提供有价值的信息或建议

做“顾问型家长”，绝不是当甩手掌柜、放任孩子，而是看准时机、精准施策，在孩子求助时提供有价值的信息或建议。

孩子毕竟年龄小、认知不足、缺乏经验，所以遇到事情或做选择的时候会迷茫、犯错。这个时候，家长可以帮助孩子分析各种选择的利弊和可能导致的结果，但决定权还是要交给孩子。

比如孩子假期里想先玩两天，把作业留着最后一天再做，家长可以帮孩子分析“先写作业再玩”和“最后一天再写作业”两种选择分别会带来的结果。

先写作业再玩：任务完成了，玩的时候一身轻松。

最后一天再写作业：首先，前两天可能会想到还有作业要完成，没那么畅快。其次，等到最后一天再写，要先考虑是否能写完的问题；如果写不完可能需要熬夜完成，这又会导致睡不好，第二天上课很困没精神。

然后告诉孩子，“你可以自己认真考虑一下，自己做选择，到时候承担相应的后果。”也可以给孩子建议，但不强迫孩子一定按自己的建议来。

实际上，做“顾问型家长”，教会孩子如何做选择比直接帮孩子做事、做决定难度更大，这需要家长有足够的耐心和丰富的经验，因此家长也要保持学习，不断成长。

除了上述这些，当孩子遇到困难或是因为自己的不当行为承担了应有后果时，家长不要责骂孩子，首先要理解和接纳他的情绪，给予孩子爱和支持。如果孩子需要的话，再和他一起分析事情的前因后果，思考解决办法。

尝试应用

1. 尽快召开一次家庭会议

如果您已经决定要成为一名顾问型家长，那么对自己以往的养育经历做一次深入回顾就是完全有必要的了。快去邀请孩子和其他重要家人齐聚一堂吧，听听大家对一些往事的真实想法，特别是让孩子多参与讨论。

以下是几个推荐话题，供您参考，愿抛砖引玉。

说一件您可能之前替孩子做过决定的事情，重新让孩子做一次主动的选择，或者询问一下他对此事的看法。（如果孩子还小，您可以这么描述：“你觉得我们当时应该这么做还是那么做呢？”）

说一件您曾经贸然替孩子做决定但如今发觉很欠妥的事，并询问孩子对此事的看法，以及他会做出怎样的决定。

说一个孩子曾经做过的出乎您意料的决定（请注意：这个决定应是经过时间检验后完全正确的，是较您的决定更为高明的），并说说您从中得到的感悟。

2. 和孩子玩一次“真心话大冒险”

您和孩子分别罗列一份清单，清单内容为当前孩子能够自主支配的事情（如果感觉事情较多，可按重要程度罗列不少于十件事，或依生活、学习、爱好等分类，然后逐类罗列）。

待您和孩子都写完后，把两份清单并排共享，看看有何不同或还可以增加什么。

最后，整合成一份清单。可以张贴在家中显眼位置，让家人来见证您和孩子的改变与成长。

3. 阅读相关书籍，愿它们带给您不竭的智慧与力量

（1）《自驱型成长》（美国的威廉·斯蒂克斯鲁德、奈德·约翰逊 著，叶壮 译，机械工业出版社）

（2）《真希望我父母读过这本书》（英国的菲利帕·佩里 著，洪慧芳 译，中信出版社）

（3）《终身成长》（美国的卡罗尔·德韦克 著，楚祎楠 译，江西人民出版社）

结束语

教育的本质是唤醒。在陪伴儿女长大的路上，顾问型家长看似“无为”，实则“有所为，有所不为”。与其说是他们成就了孩子的自驱成长，不如说是他们的循循善诱最终引领孩子认识到生命之可贵，领悟到生命真正的价值。

每个生命都是独一无二的，孩子也是如此。他虽然借由我们来到这世上，但是他的人生路只能靠他自己走。作为家长，我们爱他有时甚至胜过爱我们自己，但是这也并不意味着我们就可以将自己的经验和标准强加给他们。

学会说不、摆脱期待、争取独立自由，是孩子正常且必然的成长路径。其间，父母要做的是引领孩子，让他觉察到自己的生命是如此珍贵而跃动，由自己主宰、拼搏的人生路在艳阳和风雨的陪伴下必将坚实而精彩。

将丰盈的生命体验还给孩子吧！温柔捧起，静待翱翔……

如何营造和谐的家庭氛围

⊙ 赵丽丽

导语

家是什么？不同的人有不同的说法，有人说家是一种文化，有人说家是一段时光，有人说家是幸福生活的一种存在。家应该是什么样子？每个人也会有不同的理解，但是有一点应该是相同的：家应该团圆和睦，成员互相尊重，互相爱护，让人具有安全感，伴随着幸福感。孩子在生命中能否具备安全感，拥有感知与把握幸福的能力，因在家庭，根在父母，因为父母是孩子的第一任老师，父母之间的关系及教育理念等会影响孩子未来很长一段时间甚至是终生的发展。如果家庭氛围和谐有爱，孩子浸润其中，生命可以得到充分的滋养，生命力因根基强大而愈发旺盛顽强，从而可以调配充沛的心理能量去创造自己生命的价值。那么，家庭关系究竟对孩子会产生什么具体影响？如何营造良好和谐的家庭氛围呢？让我们带着问题与思考开启这一节的学习。

情景再现

爱+尊重+接纳=和谐

妈妈带儿子出去玩，顺便送爸爸上班。地铁到站，男孩迅速上车坐到一个座位上，然后招呼妈妈过来坐，妈妈挽着爸爸的手随后上车，妈妈笑盈盈地说："只有一个位置，你坐就好了，我和爸爸站着。"

男孩说："我是男孩不用坐，妈妈你坐吧。"

在男孩的坚持下，妈妈坐下了，爸爸则奖励般地揉了揉儿子的小脑袋。

男孩不太高兴，在埋怨并请求爸爸陪着一起去玩。

妈妈安慰儿子说："因为爸爸不能一起去，你有点不高兴是吗？其实妈妈也跟你一样，觉得有点遗憾呢。但是爸爸要去上班，为我们赚钱，等他下班了，马上来接咱们，咱们要玩得开心，让爸爸放心好吗？"

爸爸临下车的时候，突然很严肃地对儿子说："妈妈一个人带你很辛苦，她是我媳妇，我很心疼她，你是男子汉，一定要帮我照顾好她，不哭不闹开心玩，能做到吗？"

小男孩像个大人般郑重地点点头。

失败的联盟

公交车进站了，一家三口先后上车。母亲先上车，崴了一下脚，歪歪扭扭地找座位坐下，父亲拎着东西紧随其后，径直坐到了母亲身边整理东西，女儿上来时没有座位了。

母亲说："闺女，动作快点！坐我这儿吧。"

女儿不坐，转向父亲："妈妈崴脚了，你怎么还坐着？"

这句话听起来像大人对小孩的行为不满，不是通常情况下女儿对父亲的态度，给人的感觉是女儿凌驾于父亲之上。

"我拎着那么沉的东西，坐一会不应该吗？我就坐。"父亲说话的声音很大，像个反抗的孩子。

"你怎么这么和孩子较劲？"母亲像训斥孩子一样训父亲。

父亲低头不语。脸上很无奈。母亲继续请女儿坐自己的座位。

"你自己坐吧，就一个座位，让来让去的，真烦！"女儿脸上露出不屑的神情。

看到这两幅家庭互动画面，您有什么样的感想？是不是也想到了自己家庭中相处的情景呢？

众说纷纭

两则案例中家庭成员互动的画面让人心生触动，我们很多家庭中可能存在类似的情况。

名著《安娜·卡列尼娜》的开篇语提出："幸福的家庭都是相似的，不幸的家庭各有各的不幸。"幸福的家庭哪些地方相似？在第一则案例中，就呈现出一个幸福家庭该有的样子，这些幸福家庭的相似之处就在于：

父母之间相互尊重关爱，他们之间形成一个很好的结盟，来共同教育孩子，而非某一方与孩子结盟去对抗另外一方。父母一致接纳孩子，与孩子之间能够有效地沟通，能关注彼此的情感，能看到彼此的需要和期待，并及时回应，因此能在目标层面达成一致。

在第一则案例中，母亲生活在父亲的呵护理解中，在引导孩子的过程中，表现温和而坚定，宽容对待父亲的忙碌，接纳儿子的情绪；父亲受到母亲的尊重，在儿子面前有一个很好的形象，也受到儿子的尊重与依赖，成为儿子的榜样；儿子的不良情绪被父母接纳，并提出建议性的措施，这是孩子收到的最好的礼物——尊重。在他们沟通的过程中互相之间有能量和爱的流动，所以呈现出温馨美好的家庭氛围。

在第二则案例中呈现的是家庭关系的三角化，家庭中一个人介入到另外两个人的关系中，如爸爸和女儿发生冲突，妈妈迅速卷入，与孩子结盟去指责爸爸，以强势压制父亲的方式解决问题，结果导致原来两方的矛盾被掩盖了，没有解决问题，反而强化了问题。显而易见，我们看到家庭中三个人都很愤怒，家庭氛围非常不和谐。在家庭三角关系中，夫妻关系和亲子关系界限不清相互纠缠常常导致成员关系变差，在教育中出现所谓的丧偶式育儿，一方疲惫不堪，一方为减少矛盾而退避三舍，双方互相不满，同时也影响到亲子关系的和谐。所以，在家庭三角关系中，不建议一方直接参与到另一方的亲子关系中，否则简单的两人关系就会变成三人关系，更加复杂。建议一方可以分别去支持其他两方，建议不当着面和任何一方纠缠，而是事后一对一去沟通解决。

启迪智慧

上面两则案例中家庭成员互动的关系充分验证了“家庭三角关系”理论。

1. 如何理解家庭三角关系

家庭三角理论认为父亲、母亲和孩子构成了“爱的三角”，每一个家庭就像这个椭圆一样，是一个封闭的系统。每个人在里面都有能量，在这个系统里面是有能量在流动的。一个健康的家庭，一定要保证在这个系统当中的能量流动要正常。夫妻关系是基础，最为重要。夫妻关系的好坏会影响双方的情绪，父母保持良好的情绪状态有利于孩子的健康成长；如果夫妻关系不好，孩子会敏锐地察觉到，就会担心，甚至制造各种状况来表达自己的焦虑担心，这样孩子的生命能量更多地消耗在对父母的焦虑担心中。其次才是亲子关系。这是自然的次序，也是家庭稳固幸福的保障，对孩子建立安全感、提升自信心、培养感恩爱家爱人意识大有裨益。如果这个关系弄错了，会逐渐滋生出许多问题。

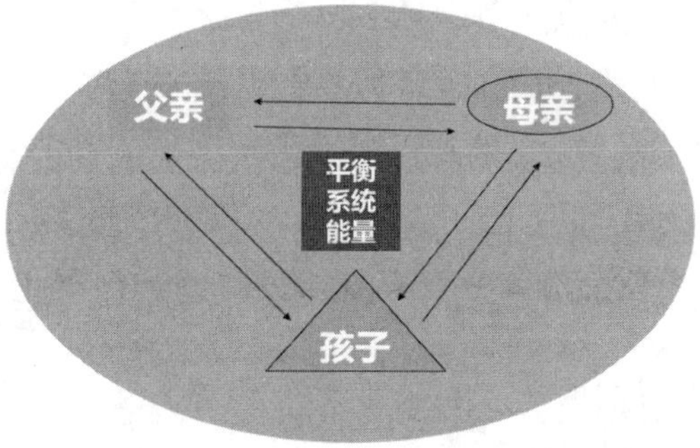

首先，夫妻关系是根本。美国著名的婚姻问题专家爱默生·艾格里奇博士在30多年的婚姻咨询工作中发现了经营家庭和婚姻的真谛——爱与尊重。在家庭中，妻子的情绪越稳定，家庭的情绪就越稳定，孩子各方面的状态也就越好，而保证妻子情绪稳定最好的办法，就是呵护她、理解她、看到并认可她的付出。

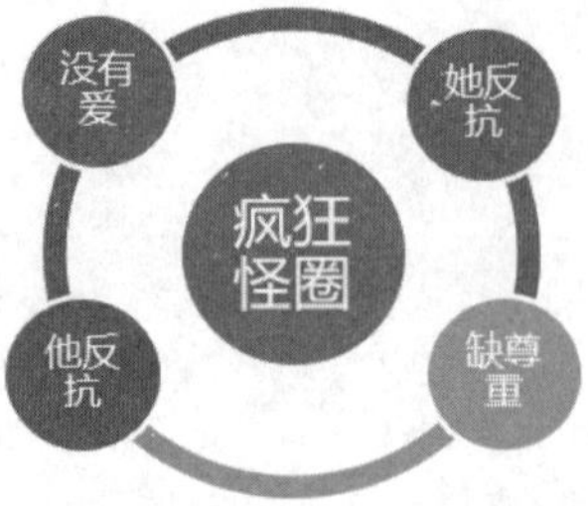

相反，如果妻子经常遭到丈夫的忽视和埋怨，她很可能会把这些负面情绪转嫁给其他家庭成员，这个家可能因此怨气重重，不得安宁。没有感受到丈夫的爱，妻子就以拒绝尊重作为反抗；没有得到妻子的尊重，丈夫就以拒绝示爱作为反抗。久而久之，一个“疯狂怪圈”就形成了，双方越是渴望获得，越是吝于表达，成千上万的夫妇成为这个“疯狂怪圈”的猎物，无法自救。

其次，亲子关系是调节剂。孩子的降生给夫妻两人世界增添了无限欢乐，孩子成了夫妻关系、家庭生活的重要调节剂，孩子需要夫妻两人的关注与接纳。父亲、母亲和孩子都要站在自己的位置上去履行自己该履行的责任，互相之间要有能量流动，要有交流。

家庭三角关系既有其积极的一面，又有其不利的一面。

首先，三人小团体的关系相较于两个人显然充满了变化和活力。当两个人发生矛盾和分歧的时候，有第三方的存在，可以起到很好的调节作用。通过彼此与第三个人的联系，可以减弱两个人之间的冲突张力，使关系再次平衡，并且使得关系稳定而持久。

其次，家庭三角关系中若经常出现“两人之间过于密切的关系（心理学上称为‘共生’状态）”“经常向第三者抱怨”等典型行为，就很容易把问题放大，即把一个人的问题变为两个人的问题、从核心家庭扩展到原生家庭、从家庭扩展到亲戚朋友、从一个小环节转移到一张大网络，相互纠缠不清，难以解决问题。这时，“三角”关系对家庭关系就具有破坏性。

2. 如何构建和谐的三角关系

如果对家庭三角关系有清楚的认识，能够利用其积极的互动关系，则家庭将朝向更健康的方向发展。在此，我们也特别重视和提倡以下原则，希望对您有所启迪。

（1）经营管理婚姻，把夫妻关系放在第一位

稳固的婚姻经得起时间的考验，是需要双方用心经营管理的。在婚姻关系中，会伴随着很多社会关系，而婚姻中的两个人想要经营管理好婚姻，一定要懂得夫妻关系是第一位的，同时在生活中处理问题时把夫妻关系放在第一位。

首先，要学会独立，乐于并敢于承担责任。双方进入婚姻关系后，在经济上、心理上等诸多方面要与原生家庭的父母保持独立，在遇到问题或挫折时，第一时间先在夫妻之间进行沟通解决，当需要双方父母帮忙时，夫妻双方再与原生家庭父母进行必要的求助或协商。这样的意识会让对方备受尊重，承担起该承担的责任，婚姻关系更加稳固。

其次，要及时有效地沟通。夫妻双方在处理纷繁复杂的社会关系中，有时难免产生误会，所以及时有效的沟通有利于第一时间了解对方的心意，同时也让对方更加了解自己，避免很多误会的产生，避免因沟通不畅而产生的内耗与烦闷。把夫妻关系放在第一位进行及时有效的沟通，这样的婚姻关系才能稳固而长久。

（2）学会使用恰当的爱的语言进行表达，增进夫妻亲密关系

婚姻专家认为夫妻关系会经历蜜月期、磨合期、整合期、平淡期和相

守期，每个阶段都需要成长。从蜜月期到相守期，激情逐渐消失，生活趋于平淡，两个人都需要用心经营婚姻，保持良好的夫妻关系，因为良好的夫妻关系就如同定海神针，只有夫妻关系稳固了，家庭才会稳如磐石，家庭成员才能够稳定与和谐。那么，“蜜月期”后夫妻如何增进感情呢？

双方要把夫妻关系放在所有家庭关系的首位，不断让自己回味、感受夫妻生活中积极、温暖的部分，学会爱的语言表达，保持良好的夫妻关系。

婚姻辅导专家盖瑞·查普曼（Gary Chapman）博士经过20多年的研究发现每个人都需要爱的语言，提出了爱的五种语言：肯定的言词、精心的时刻、接受礼物、服务的行动和身体的接触。

肯定的言词：是在对方心甘情愿去做一件事时，送上她/他需要的肯定的言词，即以留言条、面对面语言等方式告诉她/他你是多么欣赏她/他的某个优点，让对方能感受到的爱才是真爱。

精心的时刻：是指在相处的某一时刻，将自己的注意力全身心地投放在对方身上。活动可以是只属于两个人的烛光晚餐，也可以是手拉手散步等，重点在于关注对方的情感。

接受礼物：重视生活中的“仪式感”，抓住一些特殊的日子，如结婚纪念日、生日、七夕节等，给对方或购买或制作或寻找一份礼物，告诉对方“我一直想着你爱着你”，这是最容易学习的爱的语言之一。

服务的行动：了解对方心理期待，对方希望自己为她/他完成什么事，你花点心思提前完成，这也是表达爱的一种语言。

身体的接触：与对方保持恰当的身体接触，牵手、亲吻、拥抱、抚摸等身体的接触是人类感情沟通的一种微妙方式，也是爱的表达的有力工具。

（3）厘清夫妻关系与亲子关系的界限，避免将夫妻关系带入亲子关系

在家庭中，夫妻关系是根本，夫妻问题要由夫妻来解决，应该直接沟

通，面对问题，避免转嫁到孩子身上。尤其是夫妻双方对对方心存不满时，不要当着孩子的面抱怨对方，产生矛盾时不要让孩子充当传令兵，转述不友好甚至是敌对的信息，更不要想方设法获得孩子的支持，一起对付对方。否则，孩子会因此产生强烈的内心冲突，担忧联盟一方家长而失去另一方家长的爱。

（4）家庭成员之间重视沟通技巧，合理解决家庭冲突

家庭中“爱的三角”犹如花园中三条交会的小径，每条小径都可能发生堵塞，即我们的家庭中会产生多种冲突，所以应该经常打理小径，保持畅通，才能感受到阳光、鸟语、花香。家庭中，各个成员之间应该经常有效沟通，才能感受到家的温暖。沟通可以采取面谈、写信、打电话等多种方式；沟通的过程中注意技巧，如沟通中就事论事，不针对个人，不争孰是孰非，家庭成员没有绝对的谁对谁错，家是讲情而不是讲理的地方；沟通中活在当下，忌“翻旧账”、提往事；沟通有诚意，和颜悦色，不给对方脸色看；沟通中多用“我们”二字开头，拉近距离，避免张口闭口是“你”“你”“你”，这样感觉充满指责；沟通中要善于倾听，不要轻易打断对方说话，让对方尽情地把话说完，倾听的一方需要做的，是放下已有的想法和判断，一心一意地体会对方。

（5）平衡各个成员之间的关系，学习维持和谐的三角关系之道

家庭中每个人都是宝贵的资源，互相看到彼此的闪光点，当某个成员状态不好时，其他人及时关注，多鼓励，少指责，给家庭中的每个成员以成长的空间，保持家庭成员之间的良性互动和平衡，让整个家庭处于积极的变化中。家庭中每位成员重视学习，学习给予和接受，学习爱和自省，注重心灵成长，在各自的位置履行该履行的职责，积极参与到家庭生活中来，摆脱僵化心理、态度和偏见的限制，相互在关系的花园中平衡关系，维持和谐的三角关系。

尝试应用

您可以参考下面的方式与家人一起制作《家庭幸福沟通册》。

准备：家庭成员都喜欢的漂亮记录册。

目标：发现生活中的美好和喜悦，把感恩之心表达出来，为家庭成员彼此的努力进步而鼓掌，打造和谐友爱的家庭氛围，积累家族精神财富。

具体做法：

（1）家庭各成员每天在同一个记录册上分享一件感恩快乐的事，事件不要求轰轰烈烈，但一定是自身的真实情感。

（2）记录形式可以是文字，也可以是图画等自己喜欢的形式。

（3）视情况在月中或月底开家庭会议总结收获。

（4）经常翻翻看看，支取这本爱的存折里的正能量。

结束语

家庭是孩子的第一所“学校”，家长是孩子的第一任老师，家庭氛围的好坏对孩子的身心健康发展有着至关重要的影响。因此，请您积极参与家庭教育，重视家庭心理环境建设，营造和谐的家庭氛围，润泽孩子的生命，为孩子怒放的生命蓄能吧！

如何营造富有生命力的单亲家庭“气候”

⊙ 赵丽丽

导语

近年来，单亲家庭数量呈现上升趋势。以往对单亲家庭教育的研究，不少倾向于从“问题视角”或“缺陷视角”出发，认为单亲家庭意味着家庭结构不完整，势必导致家庭功能失调，进而迫不及待地提出相应的措施。单亲家庭的孩子一定就是问题携带者，容易成为学习和生活中的“loser”吗？其实不然。客观来说，单亲家庭是一种客观存在的家庭类别，家庭结构缺损不一定导致家庭功能丧失，因而不带有必然的好坏性质。如果教育者自身人格完善，善于从积极的角度挖掘家庭现状中的优势，并努力发挥优势，单亲家庭亦可在孩子成长的不同阶段，给予足够的心理营养，滋润孩子的生命，引导孩子绽放生命之花。那么，单亲家庭中如何抓住孩子的需求并合理应对，引导孩子健康成长呢？让我们带着问题与思考开启这一节的内容。

情景再现

高一年级某班的心理班会课上，班会课的主题是《感悟父母心》，在进行到让学生讲讲如何与自己的父母相互理解，感悟父母亲情这个环节时，小易同学主动发言，跟全班同学分享。他说：“从 8 岁起，我跟着妈妈生活，妈妈给了我细致入微的关怀，让我感觉特别温暖。同时她也特别信任我，给了我很大的自由，我能为家里做的事，她都敢放手让我尝试。爸爸妈妈离婚了，但是爸爸不管多忙，周末都能跟我见面，聊聊学习，聊聊各自的爱好，我觉得我们既是父子，又是朋友。我爱他们，他们离婚并没有给我造成多大的影响，反而感受到了更多的关怀。所以，我特别尊重他们的选择，祝福他们能追求自己的幸福。”小易不卑不亢地侃侃而谈，从他的脸上看不到一丝的自卑与尴尬。很多同学认真倾听，眼神中明显地增加了钦佩的底色，班主任对他表现的成熟与豁达也有些许吃惊。随后不久，班主任老师对小易同学进行了家访。交谈中，小易妈妈坦言：“我会通过一些合理的方式调整好自己的状态，不将离婚带来的负面情绪施加给小易。爸爸已经找到属于自己的幸福，祝福他，他也很爱小易，是一位好父亲……”通过家访，班主任老师自此放心了，也明白了小易强大心理能量的来源，源自内心能量充足的家长。

看到小易同学的表现，您有什么感想呢？是不是颠覆了您对单亲家庭孩子的认知呢？

众说纷纭

有的家长认为，像小易这样阳光乐观的孩子出自单亲家庭实属罕见。确实，不知从什么时候开始，社会对单亲家庭的孩子形成了一种刻板印象，即把单亲家庭孩子与问题孩子画等号。单亲家庭长大的孩子，男生容易被贴上“妈宝男”“家庭责任感差”等标签，女生则容易被认为“太强势”“缺爱”等。有一些研究显示，遭遇家庭变故的孩子，容易留下心理创伤，且心理创伤愈合起来很困难，甚至一生都在治愈童年。您是否认同这样的结论呢？单亲家庭的孩子，真的容易成为心理、学习和生活中的“loser”吗？我们还是用调查结果说话吧。

1960 年，美国一位心理学家用了 10 年的时间，对 537 位在艺术、商业领域杰出的人物的家庭背景做了调查。结果发现，这些人中，有 1/4 的人在 10 岁前失去了父母其中一方，有 34.5% 在 15 岁前丧亲，20 岁时单亲率达到 45%。看到这样的调查结果，您是否认为“单亲家庭灾难论”过度妖魔化了单亲家庭的环境呢？不同的调查结果该如何合理解释呢？

有的家长认为像小易这样的孩子虽然来自单亲家庭，但父母不缺席的爱，比名义上完整的家庭对孩子的成长更有意义。小易能够健康成长，就是因为父母没有缺席的爱在他的内心塑造了一个温馨、有力量的家，足以抵消现实中的不完美。可见，孩子出现问题，并不是因为单亲家庭本身造成的，而是孩子没有从父母那里获得足够的关注与爱，这才是孩子容易出现问题的根本原因。

单亲家庭原有的家庭结构遭到破坏，可能孩子会因为跟父母其中一方而被迫适应全新的生活。另外，单亲家长没有理顺自己的生活，容易产生争吵、冷战，家变成了没有爱的地狱，孩子生活在这种不安的环境里只会受到负面影响和伤害，进而滋生不良心理与问题行为。因此，单亲家庭孩子成长问题的焦点，不是家庭是否完整的问题，而是家庭是否有爱，家庭成员关系是否融洽的问题。

启迪智慧

小易成长的实例在现实生活中屡见不鲜，是否引发了您对单亲家庭孩子健康成长问题的思考呢？为了对单亲家庭孩子的教育问题形成一个正确的认知，我们有必要了解一下“优势视角”理论。

单亲家长如何运用“优势视角”理念看待单亲家庭呢？

1. 赋权

简单地说，就是赋予孩子权力。通过赋权，使孩子对自身和外界有掌控能力，提升责任感。有些单亲家长常常怀有“自责感”，感觉因自身的原因导致不能给孩子一个完整的家，所以在生活方面、情感方面及一切可能的方面竭尽全力关心帮助孩子。出于这种补偿心理，他们的家长使命感过强，过度关注保护反而压缩了孩子独立成长的空间，同时，家长也可能因此疲惫不堪，双方处于恶性的互动状态。因此，单亲家长需要走出愧疚阴霾，调整心态，承认自己的局限性，看到孩子的能量，让孩子参与家庭关系的重建，使其成为父母关系的平衡砝码，保证家庭处于一个动态平衡的阶段。

2. 抗逆力

抗逆力是指应对逆境的能力，针对个人而言是个体在遭遇逆境时反弹的能力，即身处风险时，为了避免伤害和不幸循环发生，个体会自觉或不自觉地采取措施度过危机。在此过程中，个体会启动抵御危机的策略，调动保护因素，与风险因素抗衡。保护因素包括内在保护因素和外在保护因素。外在保护因素是指个人身边具有的支持或保护资源，如他人提供的情感支持、信息共享、规划谋略等都属于外在保护因素，家长可以从亲戚朋友、工作同事、社区邻里等方面去挖掘。如家长情绪状态不佳时，可以向自己信赖的亲朋寻求情感支持，尽快调整状态；家长工作繁忙时，请老人帮忙照看孩子；家长还可以利用积极的媒体舆论，给自己和孩子正向的精神导航，增加正能量。

家长如果能够运用“优势视角”理念对内在外在的保护因素加以理性的分析和恰当的运用，发掘自身的、孩子的和家庭的已有的优势和资源，有利于家庭成员抵御风险，寻找转变的可能性，重建和谐舒适的生活环境。

单亲家长如何运用“优势视角”理念提升孩子的教育质量呢？

综上所述，单亲家庭孩子的教育会碰到种种困难，比如陪伴时间少、世俗的舆论压力及管教冲突时缺乏缓冲空间等，这些都不是单亲家庭管教孩子是否成功的决定因素。教育的核心在于管教者自己的人格是否完善，能否变消极为积极，挖掘已有家庭现状中的优势，并努力发挥优势。具体建议从以下几点着手提升：

（1）相信孩子自我成长的力量，为其提供成长机会

家长相信孩子潜在的力量比费尽心血去规划孩子的锦绣前程更加重要，

因此家长要充分认可孩子的生命力，相信他们有参与家庭生活的能力，有自己的表达方式，有影响家庭的力量。家长在适当的时候恰当地“示弱”，给孩子发挥能力、表现自我的机会，孩子的适应力会因此变得越来越强。如让家里的“小男子汉”帮妈妈提东西、过马路时把妈妈护在内侧，激发孩子的责任感与独立意识。带着孩子一起讨论家庭规划和旅游攻略等，加强孩子与家庭的联结，进而优化家庭关系。

（2）学习与自己和解，以正能量的模式教育孩子

家长的言谈举止是孩子了解外面世界，理解人生的基础。所以单亲家长切忌自怨自艾，理性看待单亲家庭的不幸，尤其要调整好对前配偶的消极情绪，避免在孩子面前诋毁对方，要塑造原配偶正面积极的形象，以正能量的模式来教育孩子。这样在孩子内心就会塑造一个完整、温馨、有力量的家，给予孩子强烈的安全感和力量感。

（3）善于发现，挖掘自身和孩子的抗逆力特质与环境资源

孟母为促学而断机杼，为创造良好成长环境而三迁的故事，您一定耳熟能详。孟子3岁丧父，现实教育中缺失了父亲的榜样作用，但缺失的部分他从母亲身上得到了，母亲的言传身教会把他男子汉气质和男人的责任感逐渐激发出来。单亲家长能把母亲的慈爱和父性的力量调动出来的时候，孩子就会收到非常一致的信息。这就是单亲家长的抗逆力特质，潜移默化地培养和激发着孩子的抗逆力。

不可否认，单亲家庭的孩子的确存在一定程度的亲情缺失。家长可以开发潜在的积极关系，如寻求祖辈、亲属或是其他重要友人的帮助，为孩子营造替代性关系，强化家庭亲情联结；还可以帮助孩子养一只宠物或一盆花草，与动物、植物等生命建立联结，既可以引导孩子悄然安放情感依恋，又可以引导孩子感受到生命的顽强及照顾生命的责任感。

（4）了解孩子的真正需要，引导孩子采取健康策略

单亲家庭的孩子可能出现一些不良行为，如顶撞家人、叛逆、易怒易发脾气等，这是孩子抵御危机而采取的生存策略，即个体通过暴力、高风险或者反社会行为，来逃避现实风险或进行自我麻醉。孩子还有可能因家庭变故变得沉默寡言、回避朋友和亲人，此举是抵御危机而采取的保护策略，即个体通过自我封闭、与世隔绝、冷漠孤寂、不信任他人等主动丧失一些基本功能的方式来谋求身心免遭重创。这些行为是不可取的。家长期待孩子改变策略，就要多一些耐心与智慧，想办法了解孩子的真正需要，合理解读行为背后的原因，以包容的态度倾听孩子的想法，感同身受，而非一味地指责与控制，并且能及时进行弥补与引导，建立信任和谐的亲子关系。这样的话，孩子就能通过各种能力、人际互动、自尊自爱、灵活开放等具有建设性意义的举动来主动减少危机带来的伤害。这种策略被称为健康策略，健康策略的主动应用是以建立信任有爱的亲子关系为前提的。

尝试应用

用“优势视角”观察孩子，去发现孩子的闪光特质和优秀表现，每周至少记录三条，请您填写在下面的表格中。然后定期与孩子交流，感受孩子行为的变化和亲子关系的变化。

日期	闪光特质或优秀表现	交流后孩子的反馈及变化

结束语

单亲家庭，也许是一种被动选择，但营建一个什么样的单亲家庭，却可以是一种主动选择，家长的心态很大程度上决定了子女教育的成败。如果家长转变视角，以“优势视角”看待问题，就是一个积极的影响者，用自己的积极生命影响孩子的生命，必然可以营造富有生命力的单亲家庭“气候”，引导孩子寻找到自己生命的能量，满怀动力和期待，点亮希望，实现生命价值。

爱的答案——如何跟孩子谈生命的由来

⊙ 李晓彤

导语

网上有个段子说："小时候我妈告诉我，我是从垃圾桶里捡来的。后来每次家里吵架，我都会去垃圾桶旁边坐着，因为那里有家的味道。"段子很搞笑，看完却又觉得有点心酸。"我是从哪儿来的？"这句话除了是古希腊哲学家的永恒三问之一、是门口保安大叔的例行盘问惯例；剩下的，就是孩子们总也问不到答案的迷之难题了。作为成年人，我们需要思考一下，当孩子在问"爸爸妈妈，我是怎么来的？"时，孩子究竟在问什么？我们听到的又是什么？

情景再现

小亚3岁的时候，他突发奇想问了家人们一个问题："妈妈，你从哪里生的我啊？"

家人们一听，面面相觑，"该来的总会来的，还好我们做准备了。"

妈妈笑着对小亚说："你看到猫咪布丁怀宝宝了，那你猜一猜，你是从哪里生出来的呢？"

"不会是……妈妈的肚子里吧？"小亚看到猫咪布丁怀孕的时候肚子鼓鼓的，王奶奶还让自己别摸，要保护它呢！

果然答在问处啊！小亚的回答让爸爸妈妈瞬间轻松了很多，他们把当时怀孕的照片拿出来，让小亚看他以前在妈妈肚子里的情形。这个问题就这样过去了。

到小亚5岁的时候，他通过看绘本、看视频《小威向前冲》的故事，知道了自己是爸爸最优秀的精子和妈妈最美丽的卵子结合而来的。妈妈说那是精子和卵子成团，变成爱的结晶了。小亚很为自己感到骄傲。

到了7岁，小亚的思维越来越深入，想的问题也越来越多了。有一天他又问："精子在爸爸的身体里，卵子在妈妈的身体里，那精子是怎么跑到妈妈肚子里和卵子相遇的啊？妈妈你是从哪个地方把我生出来的呢？"这个问题与以往的问题有点不一样了，着实有点难回答。奶奶赶紧说："问这干啥呀，等你长大了自然就知道了！"爸爸妈妈觉得既然孩子问了，就尽量回答，但真的不知道该怎么说……

众说纷纭

对于逐渐长大的孩子，这个问题该怎么解答呢？集体潜意识中对“性”话题的回避和禁忌或许曾影响过我们每一个人。这个话题很难启齿，从小到大，很多身体部位的学名我们甚至都不知道。还有一些父母，因为原生家庭中性教育的缺失和自身性知识的缺乏，对孩子问这类问题会表现出以下几种反应：

（1）躲闪回避：家长本身不了解，随便说说，糊弄过去；

（2）批评压制：认为这些话题是龌龊的，孩子知道了会学坏，不让孩子谈论；

（3）开玩笑：当着家人的面说孩子是“充话费送的”，不顾孩子的感受，看到孩子难过的表情，众人哈哈大笑；

（4）逃避：没必要说，孩子长大了自然就知道了。

这些反应满足了家长自己的需要，却会对孩子造成很大的影响。孩子从父母的态度中感受到这类话题是神秘的，他们可能在好奇心的驱使下，从其他渠道寻找答案；自己被拿来开玩笑，不被尊重，自己可能真的不是亲生的；我的问题父母回答不了，以后不会再问他们了。

其实不同的反应背后，是不同的观念和意识的投射。当孩子问这个问题时，我们听到的是什么？孩子说的又是什么呢？从老一辈父母的经验出发，大人听到的可能是“性”。“小小年纪，怎么就问这种话题，这可不能说！”可作为80后、90后，甚至未来00后的父母，我们听到的会有所不同吗？是的，每一个生命在他自我意识觉醒的时刻，必然会对生命的来处充满疑惑和好奇。这个问题只是孩子想要知道“自己的来处”，只是对生命本身的探索，跟“性”无关。当孩子问出这个问题的时候，他们从牙牙学语期对世界的好奇，转向了对自己这个生命个体的关注，这真的是一件值得欣喜的事情。“我从哪里来？”那将决定了“我是谁”“我要去哪里”。有一句话说：父母在，人生尚有来处。孩子想从我们这里，寻找到自己来到这个世界的本源和根基，那就是爱！

一点题外话。作为成年父母，当我们了解了父辈所处的时代背景和家庭环境，了解了他们接受的是更为匮乏的生命教育和性教育时，或许就能理解他们的局限性，也能原谅当年他们不顾我们的感受开的那些随意的玩笑。现在我们拥有更为开放的态度、丰富的知识，在与孩子对话的过程中，我们一直寻找的答案终于得到，或许我们会被自己和孩子治愈。

启迪智慧

3—6岁是孩子性别意识发展的敏感期，性认知也开始发展，处于性启蒙时期的他们会比以前思考的更多，对性的问题产生更多的好奇心和求知欲。

提出这个问题同时也是孩子自我意识发展的一个表现，孩子尝试要去建构起一套关于“我是谁”的认知体系，也可以称为自我概念。良好的自我意识有助于孩子增强自信，促进心理健康。自我意识包括三个方面：生理自我、心理自我和社会自我。孩子们在探索“生理自我”的部分，他们想知道自己这个客观存在的生命个体是怎么来的，开始有意地关注自己的身体、性别、年龄等生理特质。这种探索是一个很好的教育契机，利用好了不仅能够帮助孩子形成正确的性态度，更有助于孩子的自我确认。

那么，如何跟孩子谈他生命的由来呢？

1. 明确目标

目的不仅是讲“性”本身，更重要的是爱的教育和生命的教育。除了告诉孩子正确的生理知识，更重要的是笃定地告诉孩子们，生命来源于爱，生长于爱。即使家里有争吵、有不满，甚至父母可能分开，但这些都不会否定和掩盖家人之间的爱。让孩子具有这样一个意识：生命不仅属于自己，还属于父母和家人，一定要好好珍爱自己的生命，带着爱，活出生命的意义和价值。

2. 把握时机

当孩子发问的时候，抓住教育时机，准确、清晰地告诉孩子。如果想让孩子提前了解，可以购买一些图书，和孩子一起阅读，在孩子有了问题以后一起讨论答疑。其他任何时候也可以随时进行，比如看到有关生命诞生的故事、自然界的故事、疫情期间人们守护生命的故事。

3. 由浅入深

遵循孩子生理和心理发展规律，由简到难，逐步渗透。就像小亚一样，孩子不会一开始就问很深入的问题，可以随着孩子年龄和知识的增长，逐渐从模糊到具体、从宽泛到聚焦、从儿童化到科学性。如果不知道该说到什么程度，可以以提问的方式进行，如“你的答案是什么呢？”“你是怎么想的呢？”再基于孩子的已有认知讨论。

4. 趣味作答

孩子年龄较小时，用形象、拟人、类比、比喻之类的方式讲解。比如小种子、小精灵、房子等；到中高年级时，可以趣味性和科学性相结合，让孩子了解准确的生理和人体知识，为青春期做准备。像小亚的问题，就可以用电影《父与子的性教尬聊》来解答。

5. 厘清自己

了解自己对生命的认知，觉察自己的态度，及时更新观念。不断学习和提高，让自己拥有更好的生命体验，从而通过言传身教，让孩子感受到生命的美妙和可贵，精彩和无限。

尝试应用

1. 爱的故事

（1）通过家庭相册，向孩子讲述爸爸和妈妈相识——相恋——组建家庭——孕育生命的过程；

（2）父母讲一讲，孩子来到两人的生命中后，各自的感受和变化；

（3）孩子讲一讲，听到父母的分享后自己的感受；

（4）大家在卡片上写下对彼此说的话，并拥抱感谢彼此。

（如果是单亲家庭，也出于为孩子的生命赋能的考虑，讲述孩子因爱而生的故事。）

2. 生命的历程

（1）祖辈和父辈向孩子讲述各自的人生故事（出生、读书、考学、成家、工作等）；

（2）与孩子一起绘制“我的生命地图”；

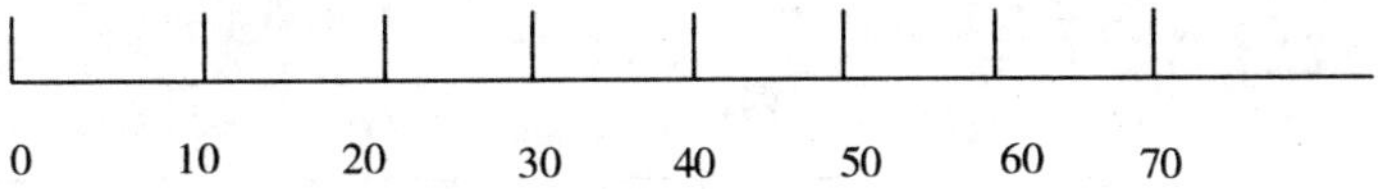

（3）说说生命的不同阶段，有哪些不同的任务和责任；

（4）从自身的经验出发，为孩子的人生提供建议。

结束语

一切“性”教育，都是爱的教育和生命的教育。当我们讲出那些有关生命的故事时，生命就有了力量。作为孩子生命的创造者和见证者，尊重、陪伴、与孩子一同成长，做到这些，才能让孩子在有需要的时候，从我们身上，得出爱的答案。

如何跟孩子谈“死亡”

⊙ 赵延琦

导语

死亡

它在生命还很小的时候出现

但它却很晚才去拜访某些人

这一切是怎么一回事？

——节选自美国心理医生伊丽莎白·库伯勒·罗斯《写给道奇的信》

死亡和新生一样，是包括人类在内的每一个生物体成长过程中的一部分，无论我们是否愿意，它都会在某一天——或预料之中或意料之外的某一天发生。尽管每个人都不想去面对，甚至不愿谈及“死亡”，但作为家长的我们必须给予孩子们必要的“死亡教育”，帮助他们在不得不面对“死亡”时最大限度地保持身心的健康发展，获得更加完善的人格成长。

那么，作为家长，我们自己是如何看待“死亡”，又应该以怎样的方式让孩子们正确地认识“死亡”呢？希望本节内容对您有所帮助。

情景再现

小胖是一名小学二年级的学生，他每天放学回到家的第一件事就是放下书包，出门寻找陪伴他一起长大的小伙伴——小狗豆豆。

一个多月前，小胖妈妈告诉他豆豆走失了。自此之后，小胖一有时间就去小区或街道搜索豆豆的身影。他总是一边喊着豆豆的名字，一边四下张望，不放过每一个角落。每次听到远处有小狗的叫声，他就急忙跑过去确认那是不是豆豆……

看着日渐消瘦的小胖，小胖妈妈心里非常矛盾。一方面她不想小胖如此辛苦地找寻下去，以至于影响自身的学业和健康；另一方面她又不想将豆豆在一个月前病亡的事实告诉小胖，担心他不能承受这份沉重的打击——要知道从小胖记事起，豆豆就是他最亲密的伙伴。

当小胖一次次找寻未果之后，他问妈妈：“豆豆之前就生病了，而且走失这么多天，会不会已经饿死了？”小胖妈妈听后几乎想要告诉他豆豆已经死亡并被埋葬的事实，但终究没能说出口，只能安慰小胖，豆豆走失后可能被好心人所收养。

众说纷纭

可以理解小胖妈妈之所以不把小狗已经死亡的事实告诉儿子，是出于对他幼小心灵的保护，不想让他伤心痛苦。然而，用“走失”这种善意的谎言是否就能够消解小胖心中因小狗离开而产生的缺失感呢？答案是否定的。这种答案不仅无法给予小胖适当的安慰，反而增加了他的忧虑，使他产生无法兑现的期望。

像小胖妈妈一样，绝大多数的成年人都把“死亡”当作“房间中的大象”，一再忽视这一显而易见的事实，在孩子面对死亡事件时总是以忽视、隐瞒、欺骗、恐吓或敷衍的态度处理。这样的例子极其普遍：有的家长会对处于紧张备考阶段的考生隐瞒爷爷或奶奶去世的消息；有的母亲会用“爸爸去了很远很远的地方”这种说法来向幼小的儿童表达父亲去世的事实……

这样做会让孩子对于死亡存有极大的好奇、迷惘、焦虑、恐惧和压力。孩子会用掉所有的空闲时间四处寻找走失的小狗；考生会为没有看望疼爱自己的爷爷或奶奶最后一眼而愧疚终生；儿童会长时间望向家门口的方向，只为等待父亲的回归……除此以外，在家长和老师对“死亡教育”集体哑口的同时，我们的孩子对死亡的认知大多来自大众传播或民间的道听途说：或认为死亡是医疗失败的结果，或认为死亡充斥着血腥、暴力与痛苦，甚至认为亲人的死亡是对自己做错事或不乖的惩罚。

死亡是不可抗拒的自然规律，“死亡教育”有着重要的意义。通过“死亡教育”，使孩子了解死亡的原因、预防与延缓死亡的措施，学会勇敢正视生老病死，树立科学、合理、健康的死亡观。同时更加珍爱生命，并在有生之年努力焕发生命的光彩。

如果我们能够从现在开始重视“死亡教育”，那么这个世界上将会减少多少泪水与遗憾啊！

启迪智慧

作为父母，该如何对孩子开展“死亡教育”呢？

首先我们需要了解，尽管成人对死亡闭口不谈，但儿童却已通过其他途径有所认知。据研究调查：儿童4、5岁开始就已经知道死亡等于失去生命，并且能够清晰看到身患重病的宠物、亲人，甚至自己生命的消亡过程；就算大人和老师在孩子面前决口不提“死亡”，孩子也会通过新闻媒体、影视文学等途径广泛地接触“死亡”，感知到“死亡”的存在；在日常生活中孩子常常会想到死亡，会担心自己的死亡，也担心心爱的人及宠物的死亡，甚至会想象自己所憎恶之人的死亡场景；对于非正常死亡时剧烈疼痛的恐惧是很多孩子实施轻生计划的最后一道防线，而这道防线很多时候是不堪一击的。

了解上述研究调查的结果，有助于我们重新评估“死亡教育”对于孩子的重要性。接下来，我们一起探讨一些有效开展“死亡教育”的方法与措施。

第一，作为家长，我们需要坦诚地、适度地表达自己对于“死亡”的情感与态度。面对长辈或者自己（指家长本人）不久于世的事实，如果我们能够坚强地面对死亡，把它当作人生必经的一个环节，以哭泣、亲人拥抱等适当的方式释放心中的悲伤情绪，那么孩子也会如您一样勇敢地接受这一事实，懂得可以通过流泪来缓解亲人离世带来的悲痛，最终让自己的负面情绪得以宣泄。

第二，作为家长，我们需要放下对孩子的过度保护，提前引导或铺垫“死亡”将要来临这一事实。正如温室的花朵不能经受严寒与强风，也如一直扶着车把永远不能教会孩子骑车一样，如果父母总是刻意避免孩子接触“死亡”，隐瞒或欺骗亲人、宠物离世的事实，那么一旦有一天孩子直面死亡时，他就很有可能被沉重的现实打倒。正确的做法应该是我们和孩子一同面对死亡，让孩子了解亲人正在死去，或很快将要死亡。如果有条件，鼓励孩子参与临终病患的照顾工作与后世安排，那么孩子将会有充足的时间来接受并消化这一事实。

第三，作为家长，我们需要帮助孩子实现“未完成的心事”。所谓实现未完成的心事指的是当孩子面对宠物、朋友、亲人，甚至是孩子本人将要离世这一事实时，让孩子在他们（或孩子本人）有一息尚存的时候对他们（或孩子本人）说出一直想说却未说的话，做出一直想做却未实践的事。比如有个老师对孩子的生命有很大的影响，给了他真正的生命体验，让他有了目标与方向。但是孩子从未向老师明确表达过感谢，如果老师突然离世，孩子就会产生“天啊！如果我曾写封信给他，向他说一声谢谢，该有多好！”的想法。向老师表达感谢，这就是孩子“未完成的心事”。如果我们帮助孩子实现未完成的心事，那么将会除去孩子心中与“死亡”事件相伴而生的负面情绪，使其不会因“死亡”的来临而产生悲痛情结。悲痛情结是指“如果我能……就好了”。悲痛情结一旦产生，将会持续很久，很可能伴随孩子终生，使孩子不断滋生后悔、自责等负面情绪，严重影响身心健康。

第四，尤其重要的是，作为家长，如果察觉孩子有抑郁倾向或表现出极度绝望，我们就要有意识地了解并学习“象征性语言”，察觉孩子透露出来的“求救信息”，及时将其从危险的边缘拯救回来。什么是“象征性语言”呢？对于儿童来说，非常典型的一种就是绘画。出于词语积累或思维水平的限制，孩子在传达“求救信息”时一般不会用文字，而是会通过不会说谎的画作表达自己内心的痛苦。如果我们发现孩子有抑郁倾向，或是表现出极度绝望，不妨给他们纸和彩笔，让他们画一幅画。在孩子们的画作中，每个图形、每种颜色都有着非常明确的对应意图，只要我们用心解读，好好坐下来问问他们想要表达的意思，他们就会因为得到关注而高兴，消解大部分的负面情绪。其他常见的“象征性语音”还包括闭口不言、体重锐减、远离人群等。如果您的孩子需要您格外地关注，最好更加系统地查阅并学习相关知识。

资料链接

美国心理医生伊丽莎白·库伯勒·罗斯在一名15岁女孩儿轻生后，从她生前两周绘制的绘画作品中发现了其中传达的求救信号。女孩儿在这幅画作中画了一个婴儿出生的画面，医生将婴儿倒过来抓着。什么时候医生会将婴儿倒过来抓着呢？当他们不哭的时候，当他们不呼吸的时候。她在画这幅画的时候就已经知道自己会被发现没有了呼吸，但她希望能有个高明的医生帮助她恢复呼吸。很可惜，没有人提前发现这一细节。

第五，作为家长，我们要引导孩子学会敬畏“死亡”，从而懂得珍爱生命——既珍爱自己的生命，也珍爱他人的生命。谈及珍爱自己的生命，作为过来人的您，想必已然了解生活的艰辛。生命的历程就像不断增加难度的考试，我们每个人，特别是生活本领及心智有待完善的孩子，更是会遇到各种各样的困难，在严峻的困难面前孩子容易变得急躁，放弃自我，走向极端。家长除要细心体察孩子的生活状态，在必要时施以援手之外，更应该让孩子明白“死亡”是一道不能触碰、不可逾越的高墙，高墙之外只有虚假的解脱和留给亲人无尽的痛苦。在孩子仰望这堵高墙时，要让他们学会大声地呼喊求助。谈及珍爱他人的生命，我们则需要告诉孩子每一个生命都并不孤立存在，而是彼此联结的，我们很可能牵动他人的“死亡”。就如2020年暴发的新冠肺炎疫情，试想如果有一个人没有做好个人防护，没有遵守社会防疫要求与规定，那么将会给整个社会和国家带来多么严重的威胁，毫不夸张地说，有人会因他而失去生命！

实践应用

家长需要接受“死亡教育”，孩子更需要接受“死亡教育”，最好的学习模式就是家长和孩子共同学习，共同进步。为了更好地开展死亡教育，请您和孩子共同完成以下三个任务。

（1）和孩子聊一次天，讲述自己在一位重要亲友离世之后的心路历程，倾听孩子对自己安慰、鼓励或提出建议的话语。

（2）和孩子共同观看一部影片，探讨观后感。如果您的孩子年龄较小，推荐观看《寻梦环游记》《伴你高飞》。如果您的孩子已经长大，推荐观看《入殓师》《拯救大兵瑞恩》。

（3）和孩子共读一本书——《一片叶子落下来》（美国作家利奥·巴斯卡利亚著）、一封信——《给道奇的信》（美国心理医生伊丽莎白·库伯勒·罗斯著），交流读后感。

结束语

“死亡教育”的意义不仅在于引导人们对生死进行思考，理解死亡是不可抗拒的自然规律，从而树立科学、合理、健康的死亡观，更为重要的是它能够使人对人生的价值及意义做深刻的探讨，激发对于生命的渴望与热爱，树立正确的价值观和积极向上的人生观。正所谓“不知死，焉知生”，“死亡教育”的最终目的还是让我们懂得生命的宝贵，绽放生命的光彩。

02

第二章

孩子生命成长中的关键事件及应对

如何携手同行走过孩子成长的关键阶段

⊙ 武月

导语

从拥有孩子的那一刻开始，作为家长的我们就与他们的生命紧紧交织在一起：当孩子咿咿呀呀、手舞足蹈，我们会因为他们的探索和好奇而倍感惊喜；当孩子走入校园、学习本领，我们也会因为他们的求知和努力而无比欣慰；当孩子逐渐长大、追求独立，我们更会因为他们的“叛逆”与“动荡”而深感不安……这些让我们欣喜、温暖、抓狂、感动的小生命们到底会经历怎样的成长，作为家长的我们到底该如何看待他们的成长成熟，希望下面的内容能对家长朋友们有所启发。

情景再现

写给儿子的一封信

亲爱的儿子：

时光如梭，我们已经在一起生活了十年。这十年里，爸爸妈妈和你一起感受着生命成长的惊喜，感叹着你从那个哇哇啼哭的小婴儿成长为善良勇敢的大男孩……

你出生的第一年，身躯那么小巧却总是勇敢地探索着，即便是摔着、碰着了，也依旧对这个美好的世界保持着无限兴趣。三岁时，你跑得像飞一样，爸爸妈妈即便在后面紧追，也还是常被你甩开老远；但在走进幼儿园的那一瞬间，你却紧紧地扎进爸爸的怀抱。六岁时，你身高已及妈妈腰间，有什么事情都愿意和我们分享。八岁时，你已经能够读一整本《水浒传》和《鼹鼠的月亮河》，在知识的海洋里寻找属于自己的广阔天地……

亲爱的儿子，未来的你必将会收获更多的成长。你也许会惊讶于自己好像乘坐时间快车一般，从天真无邪的孩童、朝气蓬勃的少年一转眼便成了充满梦想的青年。爸爸妈妈希望你始终都能感受这源自生命本身的奇妙与可贵，用善良、勇敢、坚持让自己的生命经历每一个重要而美好的时刻。

儿子，十岁生日快乐！

永远爱你的爸爸和妈妈

2020 年 6 月 30 日

众说纷纭

相信在阅读上面这封信时，不少家长都会回忆起孩子从呱呱坠地到长大成人那每一个令人动容的精彩瞬间。从这封信的字里行间，我们能够感受到孩子在生命成长中生理层面和心理层面的蜕变，也能了解孩子“婴儿期”“幼儿期”“童年期”等不同时期在躯体外貌、运动技能、语言思维等方面的特点与变化。

众所周知，人体在每一个阶段都有不同的生理特点和心理需要。如六七岁的儿童，其脑重量已经接近成人水平，同时言语、思维和想象能力也得到发展，表现在能复述故事内容、记住生字等。再如，学龄儿童及青少年的生长发育变得更快，体内新陈代谢旺盛，所需的能量、蛋白质、脂肪等营养素也在增加。特别是青少年时期，不仅是生长发育的旺盛时期，同时还是第二性征的发育时期。在认知上，口头表达能力和对语言的理解能力增强，思维也逐渐由具体形象思维向抽象逻辑思维发展。作为家长，我们要了解孩子不同阶段的生理特点和成长规律，满足孩子在成长中必要的需求。

在成长过程中，生理和心理的改变共同影响着人的发展与成熟。生理是心理的物质基础，生理发生变化影响心理的发展；同时，心理会反作用于生理，心理发生变化也会影响生理层面的成长。

启迪智慧

人的一生究竟会经历哪些阶段？每一个阶段会有哪些关键的任务要解决？社会心理学家埃里克森帮助家长朋友们做了一件非常重要的事情。他把人的一生分为三个阶段、八个时期，告诉我们在某一个阶段完成某个任务、解决好某个冲突就会获得相应的发展。这里重点对童年阶段的三个时期进行描述。

1. 童年阶段（0—12 岁）

0—12 岁是孩子身体素质、心理品质、人格发展的关键阶段，这一时期受到的家庭和学校教育能够对孩子的生命产生持续的、至关重要的影响。因此，我们结合这一阶段孩子生命发展的规律、特点，为家长提供有助于培养孩子关键能力的建议或亲子互动，为孩子生命的成长助力。

（1）婴儿期（0—1.5 岁）

①冲突：基本信任和不信任。

②成长任务：培养信任感。具有信任感的孩子富于理想、具有强烈的未来确定感。

③生命中的重要他人：父母（特别是母亲）及其他重要照看者。

④家长抚养建议：家长需要让婴儿的生活有一定的规律，重视养育他们的方式，满足婴儿的基本生理需求，同时给予婴儿更多的爱抚和关注。如，当婴儿 2—3 个月大时，家长可以和婴儿进行“触摸”游戏。过程如下：家长抱着婴儿，让婴儿可以自由地触摸自己的脸庞、鼻子、耳朵、头发等，并告诉婴儿“这是……”。该阶段的婴儿渴望爸爸妈妈的爱抚，也产生了社会性的情感需求，总是能看到熟悉的面庞，有助于培养他们对整个世界的信任感。

（2）儿童期（1.5—3 岁）

①冲突：自主与害羞。

②成长任务：发展自主性。儿童掌握了大量的技能，并开始独立探索世界，愿意自己决定做什么或不做什么，渴望自己穿衣、吃饭、走路等。

③生命中的重要他人：父母及其他重要家庭成员。

④家长抚养建议：家长允许儿童去做力所能及的事情，但也要对他们的行为有一定控制，这样既培养孩子独立自主的能力，也有助于孩子遵守社会规则。如，在2岁左右时，家长和孩子一起进行“给垃圾找到家”的游戏时，家长可以将小碎纸或果皮等垃圾放在桌子上，询问孩子它们应该放在哪里，鼓励孩子独自将不同的垃圾放到不同的垃圾桶中，培养自主性。

（3）学龄初期（3—6岁）

①冲突：主动对内疚。

②成长任务：敢于尝试新事物，克服内疚，建立自信心。

③生命中的重要他人：父母及其他重要家庭成员。

④家长抚养建议：游戏在这个阶段有着不可替代的重要作用。因此，家长可以和儿童在相对固定的时间开展不同形式的家庭游戏，帮助孩子获得主动感。如，家庭活动可以开展“猜谜”游戏。家长引导儿童描述自己常见事物的细节，让父母来猜。儿童通过对事物特征的主动发现，提高自己的思考力和探索力。

2. 青春期阶段（6—18岁）

①冲突：自我同一性和角色混乱。

②成长任务：发展自我同一性。

③生命中的重要他人：重要同伴。

④家长支持建议：这一时期，青少年本能冲动的高涨，会带来诸多问题，同时他们也会因为面临的社会要求和冲突感到困扰和混乱。在这一阶段，家长要引导孩子体验更多的信任感、自主感、主动感、勤奋

感。如进入孩子房间前敲门，对孩子成长给予在仪式上的尊重和允许，让孩子感受信任与自主，进而帮助其实现自我统一性，为成年阶段做好充分准备。

3. 成年阶段（18 岁—生命结束）

（一）成年早期（18—24 岁）

①冲突：亲密对孤独。

②成长任务：建立亲密感。

③生命中的重要他人：伴侣及朋友。

④家长支持建议：这一阶段孩子已经成人。家长需要意识到，只有具有牢固的自我同一性的人，才敢于热烈追求他人并与他人建立亲密的爱的关系，否则孩子会失去自我、离群索居，产生孤独感。因此，家长要逐渐退出孩子的亲密世界，对其“放手”，让其有更多的空间感受来自伴侣及朋友的关心与爱，为建立亲密感创设更多的机会。

（2）成年中期（25—65 岁）

①冲突：生育对停滞。

②成长任务：哺育和培养下一代。

③生命中的重要他人或资源：家教传统。

④家长支持建议：当形成积极的自我同一性后，成人开始生儿育女、关心后代的繁殖和养育。家长要在孩子成年中期时，适时关注孩子在自己小家中的氛围创设。值得注意的是，给予孩子作为成人的充分尊重——不干涉、不阻碍、不主导，用平等、善意的方式进行沟通。

（3）成年晚期（65岁至生命结束）

①冲突：自我调整与绝望。

②成长任务：坦然面对衰老、死亡。

③生命中的重要他人：亲友。

④建议：这一阶段，儿时的孩子逐渐成为耄耋老人。由于衰老过程，人的体力、心力和健康每况愈下，因此要在这一过程中做出相应的调整和适应。当人们回顾过去时，既不懊恼也不悔恨，怀着充实的感情面对生命的衰老与死亡。

尝试应用

请您回想孩子的成长历程，对照上面的表格想一想：孩子目前处于哪一个阶段，他/她正在经历生理和心理层面的成长有哪些，需要的帮助可能会有哪些，并完成以下练习。同时，这个练习也适用于您对自己的观察。

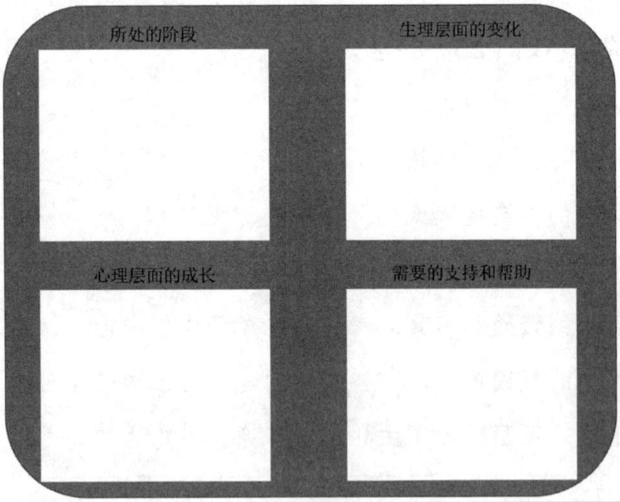

我们也为您推荐由北京师范大学边玉芳教授主编的《读懂孩子》系列丛书，帮助您了解孩子各方面的成长特点、发展规律，提升您和孩子对生命的理解。

结束语

有人说，生命的成长是单行道，没有机会重新来过。而在这短暂的生命历程中，自始至终都会交织着渺小与伟大、失意与重塑、挫折与幸运、哀愁与幸福。因此我们要与孩子一同珍视生命的每一个阶段，并要用欣赏、发展、持续的视角看待成长中每一个会留下的足迹。

如何读懂青春期的孩子

⊙ 钱玉玉

导语

不知不觉，我们身边的孩子长大了，女孩变得亭亭玉立，男孩变得高大威猛。在感慨时光匆匆的同时，我们可能也需要面对一些新的烦恼：孩子喜欢自己待在房间里，越来越不喜欢和我们说话了；孩子开始顶嘴了，有时甚至让我们无言以对；孩子的情绪反应特别强烈，一点儿小事就开始发脾气……

这些都是青春期孩子的明显表现。青春期是每一个孩子生命成长的必经阶段，也是最需要父母尊重、理解和支持的特殊时期。面对处于青春期的孩子，我们需要尊重和顺应生命发展的自然规律，及时调整自己的认知，才能和孩子像朋友一样相处，陪他/她顺利走过青春期。希望下面的内容可以给您带来一些启发。

情景再现

写给爸爸妈妈的一封信

亲爱的爸爸妈妈：

时间流逝，一转眼十二年过去了，连我自己都不敢相信自己长这么大了！但是看到你们不再年轻的面容，我知道这是真的。记得小时候，我们经常在周末一起外出游玩，拉着你们的大手奔跑，简单而快乐。可是随着我逐渐长大，感觉这样的快乐少了很多。

每次我想和你们聊一聊自己感兴趣的话题时，你们总是千方百计地绕回到学习："作业写完了吗？""考试考了多少分？"是你们最爱问的问题，却是我最不喜欢的问题。在你们的安排下，我的时间完全不由自己掌控，空闲时间还要参加线下或者线上的课外学习，回到家后你们会监督我完成学校作业和额外的学习任务。我知道你们是为我好，但是也希望你们可以听一听我内心真实的想法，可以陪我一起聊聊学习之外的话题，比如我的朋友、我的兴趣、我偶尔的奇思妙想。

你们总是在我面前有意无意地提到"别人家的孩子"，好像别人都是优秀的，而我处处不如别人。上次爸爸提到同事家的孩子，说他学习成绩特别好，嫌我处处不如他。当时我感觉很难过，或许爸爸的本意是用激将的方式鼓励我，但是只会让我越来越不自信。我没有办法做到你们期待的那么优秀，我只能做自己，也希望你们不要给我太大的压力。

我长大了，我希望你们给予我更多的尊重。在我写作业的时候，你们经常会借着送水果的名义，推门进入查看我是否在玩手机；你们会悄悄翻看我的手机，或许是担心我和男生走得太近；你们还会通过我的同学了解我在学校的表现，让我感觉自己永远生活在你们视线中。我长大了，希望有属于自己的空间，也希望你们可以给我更多选择的权利。

最后，爸爸妈妈，我想说我爱你们！在这个世界上，你们是我最重要的力量。我需要你们的支持和帮助，也希望你们帮我寻找到前进的动力，让我感受到生活的精彩和美好。希望你们可以试着去理解我、尊重我、信任我，给予我支持，相信我们会再一次回到以前的简单和快乐。

永远爱你们的女儿

2020 年 8 月 30 日

众说纷纭

看完来自孩子的这封信，家长们纷纷表达自己的感受。

有的家长说："感觉孩子长大真的是一瞬间的事情。上小学的时候，孩子总喜欢拉着我的手，还说这样有安全感，总喜欢黏着我。现在，回家就躲进自己房间，感觉和我交流的时间越来越少了。"有的家长说："感觉进入青春期，孩子成了一只小怪兽。上次我帮孩子收拾房间，不小心扔了几张她的画，孩子特别生气，还说让我尊重她。"有的家长说："我也不想老盯着孩子学习，自己辛苦，还影响和孩子的关系。我希望他能管理好自己，提高学习效率，这样才能有时间有精力发展自己的兴趣爱好。”还有的家长说：“我很支持给孩子更多自我管理的权利，比如手机的使用，但是他经常管不住自己；我也支持他尝试新鲜的事情，但是很多时候孩子仅仅是尝试，很难坚持下去，浪费很多时间和精力。”

正如家长们所言，青春期的孩子身心都发生着巨大的变化，和父母的相处方式也和以前有很大不同。我们要了解青春期的知识，转变与孩子相处的方式，读懂孩子内心，与孩子建立良好的关系。只有走进青春期，与青春同行，才能陪伴孩子顺利度过青春期。

启迪智慧

青春期是指由儿童逐渐发育成为成年人的过渡时期。青春期是人体迅速生长发育的关键时期，也是继婴儿期后，人生第二个生长发育的高峰期，一般为 11 岁至 20 岁。孩子身体的成长我们可以看到，但是孩子心理的成长更需要引起我们的重视。

1. 身体成长

（1）生理发育

中学阶段孩子身高迅速增长、体重显著增加、身体素质明显提升，家长需要帮助孩子养成健康的饮食习惯，设计营养均衡的饮食，养成良好的身体姿势以及锻炼身体的习惯。

（2）脑发育

中学阶段大脑发育非常迅速，是大脑发育的最后一个关键期。按照从大脑后部到前部的顺序，负责基本行为功能（如视觉、听觉和运动的脑区枕叶、颞叶和顶叶）先发育成熟，而负责思考、规划、情绪控制的前额叶一直到20岁左右才能发育成熟。杏仁核是产生情绪、识别情绪和调节情绪的脑区，在青春期初期开始迅速发育，所以青春期的孩子更容易体验到情绪，情绪的强度也会更强。另外，大脑中多巴胺（一种神经传导物质，传递兴奋及开心的信息，也和上瘾行为有关）的分泌，让孩子更愿意从事富有刺激的事情。青春期脑区发育的不成熟导致孩子控制冲动的能力较差，很容易做出一些非理智的决定，同时情绪控制与调节的能力较弱，情绪强烈多变。家长要了解青春期大脑发育的知识，同时为孩子提供丰富的营养，营造良好的睡眠环境，保证孩子的优质睡眠，以促进大脑更好地发育。

（3）性的发育

进入青春期，生长增快、第二性征出现，同时伴随性器官的发育和性生理功能的成熟。家长要帮助孩子明确性别角色、了解性生理特点、掌握性卫生知识，帮助孩子建立正确的性观念，正确看待性发育和性冲动，为正确处理恋爱和婚姻打好基础。

2. 心理成长

（1）情绪发展

青春期是情绪的“疾风骤雨”期，孩子情绪多变、反应剧烈，常常让家长不知所措。中学阶段的孩子，追求情绪自主，自己的经历和想法主导情绪体验，情绪更加细腻敏感。家长要接纳孩子的情绪，可以对孩子说“你是不是很难过？”“你不高兴我可以理解”等。家长要控制自己的情绪，不要和孩子“硬碰硬”；同时引导孩子直面问题，通过倾诉、宣泄、转移注意力等方式调节负面情绪。

有时候家长没有控制住自己的情绪，和孩子发生了冲突，建议冷静后再解决。首先，可以先和孩子道歉；其次，引导孩子说出自己的心情——“你刚刚反应这么强烈，是不是发生什么事情了”，孩子会感觉自己的情绪得到了理解和接受，一般会更愿意倾诉；再次，通过孩子的表达，了解他的情绪，帮助他分析澄清，平复情绪；最后，让孩子明白彼此的责任，“吵架是两个人的错，我们都要好好思考检讨一下”。面对青春期难以避免的亲子冲突，家长要掌握技巧，选择适合自己孩子的方法，有助于亲子之间的有效沟通，同时增进感情。

（2）自主能力发展

自我同一性包含对自我的确认和对有关自我发展的一些重要问题（如理想、价值观等）的思考和选择，简单而言就是对“我是谁”“我将来成为一个怎样的人”的思考和探索。中学阶段是自我同一性发展最关键的时期。首先，家长要鼓励孩子的独立自主，充分理解孩子的各种尝试和探索，鼓励孩子表达自己的想法。其次，家长给予孩子恰当的期望，比如根据实际学习情况，建立孩子通过努力可以达成的目标期望，以免给他带来太大压力。再次，青春期的孩子还需要家长的适当约束，比如手机的使用，可以与孩子商定手机使用约定，双方共同遵守。最后，青春期孩子的自我评价不稳定，容易过度自卑或盲目自信。家长要给予更多的支持和肯定，具体可以这样做：引导孩子正确看待他人的看法，对于别人的评价要独立思考，有选择地接受，多关注自己本身的看法；帮助孩子掌握人际交往的基本技巧、建立亲密的同伴关系，从而提高自我评价。

（3）同伴交往能力的发展

中学阶段，孩子不再那么依赖父母，开始走出家庭，同伴关系成为孩子最重要的人际关系。家长要理解、接纳孩子与自己的“疏离”，尊重孩子的朋友，不过度干涉孩子的交友；同时，引导孩子提升交友技能。异性交往是青春期的敏感话题，家长们可以提前引导，支持孩子与异性同伴正常交往。对于早恋行为，不要强硬压制，而是引导孩子在恋爱中成长，为孩子建立异性交往的“底线”。

尝试应用

青春是一场不容错过的旅行，您可以试着和孩子一起用“青春的约定”度过美好的青春期。“青春的约定”可以是孩子的一次勇敢尝试，可以是双方共同遵守的行为约定（比如：手机的使用、隐私的尊重），可以是目标达成后的奖励（比如外出旅游），也可以是……

希望通过一次次的“青春约定”，让彼此的心靠近，让我们像朋友一样，陪伴孩子走过青春期。

青春的约定

约定主题：

约定时间：

约定双方：

约定内容：

完成效果：

结束语

青春期的孩子会经历重新认识自己、欣赏自己和接纳自己的过程，如果我们传达出“每一个人都是独一无二的”这样的观点，就是对孩子最大的尊重和支持。与青春同行，让我们用耐心、理解和包容面对孩子，接纳他的情绪、尊重他的独立、给予他更多选择的权利。当我们成为懂得放手、保持自我成长的父母，以和善、坚定、尊重的态度对待孩子时，他们也会觉察到我们的改变，逐渐以真正成熟和独立的姿态回归，焕发出蓬勃的生命力。

如何与青春期的孩子进行有效沟通

⊙ 顾克

导语

“我的孩子究竟是怎么啦？为什么这么难沟通？”这是许多青春期孩子的父母萦绕在心头的问题。

小学生看起来总是高高兴兴的，也比较听爸爸妈妈的话。可是当小学生步入了青春期，情况就会发生很大的变化。

青春期的孩子完全是另外的样子：有的孩子变得沉默不语，向父母关上了心门，任由急于了解自己情况的父母在自己的心门外着急、焦虑；有的孩子变得暴躁，与父母说不上两句话就会吵起来；有的孩子根本听不进父母说的话，总是有自己的一套想法。

青春期的孩子为什么这么难以沟通？又该如何与青春期的孩子进行有效沟通呢？

情景再现

作为青春期孩子的父母，你有没有遇到过这样的情景？

奇奇妈妈说：进入初中后，我的孩子变了一个人。他上小学的时候，我去学校门口接他，他拉着我的手，一路说着学校的趣事，我们一起回家。上了初中，他变得什么也不愿意对我说，不愿意我去接他，总是一个人回家。回到家，把门一关，就躲到屋里去了。我想跟他说几句话，没说两句他就烦了。我好希望能回到过去，他还是我的乖宝宝的样子。

你看，孩子会与您产生心理距离，他再也不是那个什么都对你说的小孩子，他拥有了自己的小世界。

而有的孩子脾气变大了，父母与他沟通起来冲突不断。

大力家就是这样的情况。大力小学时情绪很温和，到了初中，像变了一个人，一有不如意就冲着父母大发脾气，又喊又叫，像只小野兽。而且情绪变化特别大，上一秒钟还平平静静，下一秒钟就大发雷霆。对父母最常说的一句话是：你们烦死了，别惹我！

更让人烦恼的是，有的孩子有自己的一套想法，什么都不听父母的，根本沟通不了。

小军家就有这样的烦恼。小军沉迷于手机游戏，学习总是敷衍了事。小军爸爸担心他的学习，想控制他不玩游戏，结果一说起学习他掉头就走，多说两句他就嫌烦。

众说纷纭

看到以上的情境再现后，父母们表示自己也是感同身受，自己在生活中也有同样的情景出现。

有的妈妈说，现在我特别不愿意与孩子说话，一说话两个人的观点真是不一样，说几句就吵架，真是令人着急呐！

有的爸爸说，因为是自己的孩子，想多关心一点，想多帮助一点，稍微多提醒几句："别玩游戏了，赶快学习吧！"孩子就一脸不耐烦。真是的，不是自己孩子谁管他呀。可是怎么管他都不听啊。

父母们觉得很疑惑，青春期的孩子到底怎么了？多问一点就烦，多管一点就吵，难道真的是我们管多了吗？

很多父母都为此烦恼。我该说些什么，我该怎么说，这些如鲠在喉、不得不说的话才能到达孩子的心门？

所以，父母需要更新自己的观念，了解青春期孩子的心理特点，掌握他们喜爱的沟通方式，才能打开他们的心灵之门。

启迪智慧

青春期的孩子身体的发展给予他们一种成人的感觉。很多孩子有一天突然发现，原来高高在上的父母比自己矮了，自己比大人还高了。因此，在心理上不想事事依靠父母，希望自己独立完成事情，希望父母把自己当成大人一样尊重。

正是因为把自己当大人了，为了建立这种界限感，为了显得独立一些，他们会对父母关闭自己的心门，有问题愿意找朋友，而不愿意找父母。就像奇奇妈妈所说，进入初中后，奇奇变了一个人。他上小学的时候，什么都跟妈妈说。上了初中，他变得什么也不愿意对妈妈说，总是一个人回家。奇奇就是在建立自己的界限感，希望拥有自己的心灵空间。

青春期的孩子情绪反应强烈，情绪变化大，在与人沟通的时候，一不如意，就容易情绪爆发，大吵大闹。比如在情境再现中的大力就是这种情况。

青春期的孩子又不够成熟，刚刚变得高高大大的他们还有点茫然，人生经验缺乏，在成长过程中有许多问题希望获得父母的指导，希望获得父母的理解。但是又不是孩子那种依靠，他们不喜欢父母的命令、教训与居高临下的指导，希望父母把自己当作一位成人与朋友来支持与指点。

而且，青春期的孩子喜欢与父母老师对着干，这通常被称为叛逆。叛逆行为是在告诉父母，我不是小孩子了，我有自己的独立思考，我有自己的独立意志。

他们讨厌父母唠叨。越是禁止，越想尝试。越是控制，越是叛逆。开始批判性地思考父母灌输给自己的一切。小军爸爸所说的情况就是出自这个原因。

因为青春期孩子的这些心理特点，在与青春期的孩子沟通时，父母要注意遵守以下几个原则。

一是要用平等、尊重的姿态与孩子沟通。青春期的孩子是一个成长中的人，他希望父母平等地对待自己，像对待一个成人那样尊重自己；可是，因为生活经验的缺乏，在内心深处，他也渴望父母能够给予自己适当的指导与建议。所以，父母在与青春期的孩子沟通的时候，要尽量避免高高在上的姿态，少用命令、指挥的口气，要记住平等、尊重这两个原则。要多说“我建议”“你怎么看”，少说“你应该”“你必须”。

二是要学会倾听。青春期的孩子自己的主见越来越多，对事物多会产生自己的想法。青春期的孩子的父母需要耐心地倾听孩子的想法。倾听意味着用心去听，听懂孩子的情绪，听见孩子的渴望与需要。在孩子的生活中，多听他的想法，避免一味否定与指导，而是善于提出建议。善于倾听的父母才有可能成为孩子的知心朋友。

三是在沟通中多正向地认同孩子。每个人都渴望得到别人的认同，青春期的孩子也不例外，他们最希望得到父母的肯定、鼓励、奖赏和认同。如果一个孩子在沟通中总是受到父母批评，他会感到自己没有价值，也不会再有意愿去与父母沟通。有的父母说，我的孩子都是缺点，这当然是不可能的，而这样想和这样说的父母就要反思自己看孩子的眼光与对待孩子的方式是否需要改进。每个孩子都有自己的优点，例如说因为没有准备好而不肯去考试的孩子仍然有积极的一面，即他是希望自己在考试中有一个好的表现的。

尝试应用

1. 创造良好的家庭沟通气氛

家人之间好好说话，是对孩子最好的沟通示范。孩子往往效仿的是你的行为，而不是听从你的语言。父母要带孩子多做一家人感兴趣的活动，在这些活动中，家庭气氛能得到提升，孩子在这种气氛下，也更愿表露自己的心声。

2. 学会与孩子换位思考

父母要理解、体贴子女，时常提醒自己站在孩子的角度想想，把自己当成一个十几岁的少年，想想自己会怎么做。在家庭中，经常发生这样的情况：孩子到底发生了什么，父亲并不知道，只会站在自己的角度提出批评与建议，这样的沟通方式必然是无益的。

3. 讨论孩子们感兴趣的事情

大多数父母都会把学习看成对孩子最重要的事情，令人烦恼的是，孩子们生活在自己的世界中。有些事情父母看来不值一提，对于孩子来说却是天大的事情，学习之类的倒可以完全放到脑后。比如，想要一辆自己的自行车，篮球鞋踢坏了，因为下雨与好朋友的郊游无法实现等。作为更成熟的父母，要学会看见并且关注孩子们的兴趣是什么，了解并接近，这实际上是接近孩子心灵小窗最有效的方式。

4. 体会孩子语言中的情感

孩子的情绪是与孩子沟通的入口。孩子的行为与语言中蕴含着各种情感，学会与孩子的情感共情，是最容易接近孩子的沟通途径。青春期孩子的情绪是复杂的、多变的。青少年常常对许多事情感到担忧，例如性的发育、自己的朋友、明天的考试等，也会对这些事情进行思考，体会茫然、烦恼、忧愁、焦虑。父母如果能体会这些情感，并且陪伴他、开解他，这是接近孩子心门最容易的途径。

5. 采用多样的沟通方式

现代的沟通方式是多样的，学会用多种方式与孩子沟通。手机、信件、网络、游戏其实都是与孩子沟通的方式。生日、节日的时候，写一封手写信。给孩子发一封邮件，在打游戏中与孩子沟通。有时候，用一用新的方式有可能取得意外的效果。

6. 学会用“我”“你”信息来说话

在与孩子沟通中多说“我”，少说“你”。在描述事实的时候尽量客观。

例如：有一位妈妈，看见孩子在打游戏，出于担忧和焦虑，说了这样一句话：“你一天到晚打游戏，你还想不想学习了？”

听了这句话，您觉得孩子会怎么反应呢？

他也许会想：“我什么时候一天到晚打游戏了，我只不过打了几个小时。我打爽了就会去学习了！你张嘴就指责我，你怎么知道我没有想着学习，你让我太不爽了，我更不想学了。”

那我们来试试，换上这样一句话呢？

“我看见你打了 2 个小时的游戏。我非常担心你的眼睛，也担心你的作业完不成。你是怎么想的呢？”

首先，母亲表述的是客观事实。其次，说的是自己的观察，也表达了对孩子的关心，以关心取代了指责，孩子听起来会好受很多。最后也让孩子思考面对这个事实怎么办。您觉得，孩子听见这样一句话，会怎么回答呢？

> 小练习：“你看了这么长时间电视，你的作业到底写得怎么样了？”请把这句话改成以“我”开头没有指责意味的句子。

7. 掌握非暴力沟通技巧

让我们用一个例子来尝试一下吧。

有一天，你回到家里，看见孩子吃完东西把垃圾堆到垃圾桶外了，爱干净的你觉得受不了。你大喊：“你怎么这么邋遢，把垃圾堆得满屋都是！你这个孩子怎么这么讨厌，赶快收拾干净，不然我饶不了你。”孩子听了很生气，把门“砰”一下关上了。

来，我们来试试非暴力沟通达到我们的目的。

非暴力沟通分为四个步骤。

第一个步骤：陈述对方所做的事情或所说的话，但是你要表达得很精确，并且不能有任何的情绪、评判与指责在里面。

例如：

“你怎么这么邋遢，把垃圾堆得满屋都是！”

“你怎么这么邋遢”，就是一句评判而不是客观事实。“把垃圾堆得满屋都是！”也夸大了事实。

可以改为：“你吃完东西把垃圾堆到垃圾桶外了。”

第二个步骤：就是述说你的感受，他的这种行为给你带来了什么感受，让你觉得很伤心或让你觉得很不舒服。

“你这个孩子怎么这么讨厌！”这句话既是评判，也是指责，孩子听了肯定不太乐意。

可以改为：“我感到很难受。”

第三个步骤：是要为自己的感受负责。你的伤心或不舒服是因为你对他有要求和期望，而不是他的……

“ 赶快收拾干净，不然我饶不了你。”这是在威胁孩子了，孩子会觉得不受尊重。

可以改为：“我很难受，是因为我希望家里干净一点。”

第四个步骤：就可以告诉他，你希望他能够做什么，向对方反映你的要求，然后具体提出你的要求。一定要提出具体要求，而不是命令与指责。

这时候就可以对孩子说："你可不可以把垃圾桶这儿收拾一下？"

小练习：孩子看电视总是把声音放得很大，你会怎么说？

学会沟通，用和谐有效的沟通陪伴孩子的心灵世界，陪伴他走过青春之路。这既是父母的期望，也是孩子的渴求。

希望我们睿智的父母们，面临孩子的青春期，不要消极等待，也不要无力地抱怨，学会观察孩子，理解孩子，尊重孩子，掌握沟通技巧，与孩子同行在美丽的生命之路上。

如何让孩子拥有抗挫折能力

⊙ 蒋开界

导语

著名作家奥斯特洛夫斯基曾经说过:“人的生命似洪水奔流，不遇上岛屿和暗礁，难以激起美丽的浪花。”这里的岛屿和暗礁指的是生活中的挫折和困难，是每个人都会遇到的。随着孩子进入小学开始在校生活，一方面，他们对新环境充满好奇心、有上进心、求知欲强，这有利于他们在新的学习和社会活动中不断成长；另一方面，他们会面临学习、人际交往等方面的新挑战。由于年龄小、心理尚未成熟，在面临困难和挑战，经历失败时会有挫折感产生。孩子们是否具有面对挫折的正确态度、拥有应对挫折的能力，将对孩子的成长产生重要影响。作为家长，是小心翼翼呵护孩子，想方设法替孩子解决成长中的问题，还是刻意给孩子制造挫折（甚至进行打击教育），让孩子经受“磨炼”？家长该如何对孩子进行挫折教育呢？希望这一章的内容能够为大家提供一些帮助。

情景再现

四年级的男生小昊在同龄人中各个方面都表现得比较优秀，父母和家人一直都对他赞赏有加、呵护备至，很少批评。从上小学一年级开始，他就当上了班长。可连续三年担任班长的小昊在四年级的班长竞选中失败了。在他看来会力挺他的同学，却把票投给了其他人。这个结果让小昊很不适应。竞选失败后，小昊回到家茶饭不思，甚至拒绝上学。这件事引发了小昊父母的反思，父亲认为可能是之前更多采取“赏识教育”的方式，造成孩子习惯了赞美、表扬，一旦遇到批评或不支持他的情况，就会感到挫败。母亲也感到疑惑，是否是“赏识教育”加重了孩子的问题呢？听说有一种“挫折教育”的方式，要不要也尝试一下呢？

众说纷纭

相信这样的事件不是个例，类似这种学生在学习和生活中遭受挫折后，由于没有得到及时且正确的疏导，导致了消极心理的产生，从而出现自卑、退缩、逃避、厌学甚至轻生等极端行为，引人深思。我们把这种心理脆弱的情形形容为“蛋壳心理”。对于小学生来说，家庭是最重要的成长场所，父母是孩子最重要的老师。作为父母，我们应该了解造成孩子抗挫能力弱的原因，掌握提高孩子抗挫能力的方法，从而提高孩子的抗挫折能力。

如今不少孩子抗挫折能力弱的原因在哪里呢?

正如“情景再现”中小昊的父母一样，当下我国社会发展日新月异，很多父母有能力为孩子提供优越的生活条件，许多孩子更是被过度呵护。这些父母认为，要给孩子创造一个“舒适”的童年，事事顺着孩子；孩子遇到问题，想方设法替孩子“摆平”；还有些父母主张对孩子实行“赏识教育”，只对孩子进行表扬，基本不批评，认为这种方式才能让孩子自信。

当然，还有些家长奉行的是“挫折教育”，他们认为经受挫折的磨炼对孩子成长非常重要。现在的孩子生活条件太好了，而未来社会竞争激烈，需要很强的适应和抗挫折能力。因此，需要给孩子“制造”点挫折，以提升他们的抗挫折能力。于是，孩子稍微犯点错，家长就冷脸相对，言辞犀利地批评孩子；孩子遇到困难请求家长帮助时，家长冷眼旁观，不施以援手。有些家长，甚至刻意设置挫折让孩子体验，把孩子送到各种训练营以军事化手段强制管理。长此以往，有些孩子变得自卑、没有安全感，心理敏感而脆弱。

其实，在孩子的成长过程中，挑战和失败都是不可避免的，关键在于孩子有没有正确面对这些挫折的态度和处理方式。有些孩子会在挫折中一蹶不振，产生害怕和逃避心理；而有些孩子会锻炼出一颗有弹性的心，生命由此变得更有韧性，具备了更强的社会适应能力。因此，适度的挫折很重要。那些试图想以一己之力为孩子“遮风避雨”，把孩子藏在“真空”里的家长，到头来无法帮助孩子阻挡真实生活中的挑战。正如北京师范大学教授、家庭教育专家边玉芳老师所说：“如果我们因为担忧孩子受到伤害或没有能力应对困难而过多地干涉孩子的生活，其实就是剥夺孩子成长的机会。家长无法随时随地保护孩子，明智的家长应该培养孩子的心理弹性，让孩子坚强起来，自己保护自己。”当然，孩子遭受的挫折如果超过一定的承受极限，又会给孩子造成心理创伤。尤其是有些家长刻意给孩子制造挫折，甚至长期对孩子进行“打击教育”，忽视孩子正常的心理需求，这是对“挫折教育”的歪曲。因为孩子如果长期经受失败的体验，不仅不能提高孩子的抗挫折能力，反而会使孩子变得自卑而脆弱，形成“习得性无助”。所以，父母需要避免这两种不恰当的方式，找到对孩子进行挫折教育更科学合理的策略，帮助孩子增强抗挫折能力，培养良好的心理素质。

启迪智慧

在小学阶段，培养抗挫折能力是孩子的必修课之一。由于孩子生活范围的扩大，面对来自学习和生活中的挑战日益增多，家长有意识、科学合理地培养孩子的抗挫折能力十分关键。

家长们应该采取哪些策略来提高孩子的抗挫折能力呢？

1. 帮助孩子树立正确的挫折观

当孩子遭遇挫折时，引导孩子正确看待挫折。我们既要引导孩子学会用积极的视角看待挫折，让他们明白在成长过程中，挫折不可避免，如果能从挫折中汲取经验，我们将变得更强大；当然，我们又不能否认挫折会给孩子带来痛苦的体验。这时我们要留点时间给孩子自己消化挫败感，在必要时也要及时介入，引导孩子通过转移注意力、合理发泄等方法排解消极情绪。

家长们可以通过让孩子完成下面的任务，或将下面的问题转化为与孩子对话的方式，一步一步引导孩子去思考并在心里得出答案，这可以引导孩子用积极的视角看待挫折、理性分析挫折。

挫折面面观小清单

挫折的事件	当时我的感受和行为是?	我从中的发现和获得的经验是?	这个经验我在未来如何运用?	我对挫折的新看法是?
(示例)演讲比赛时过于紧张导致成绩不理想。	非常懊恼和伤心,不想再参加这种比赛了。	我发现我的紧张主要是因为稿子记得不够熟练,从而不够自信导致的。	以后在参加比赛或展示时,一定要做好充分的准备,自信满满自然不会紧张。	失败的经历也不是坏事,从这些经历中汲取教训,会让我们变得更好。

2. 适度放手让孩子在磨砺中成长

进入小学阶段，孩子的各方面能力已经有不小的提升，他们有能力去应对学习和生活中碰到的大多数问题，如生活自理、克服学习上的困难、解决与同学的冲突等。我们要相信孩子能从中学会成长，并提高自己的抗挫折能力。不要过度保护、溺爱孩子。当然作为父母也要把握好度，要在孩子经历挫折时给予正常的鼓励和心理安慰，而不是冷漠、嘲笑，更不能刻意制造“挫折”和打击。孩子犯错误后可以批评，但不是一味地指责，而应该是指导性的或建设性的批评，通过教授具体方法，帮助孩子提高。

3. 让孩子在真实生活中去学习应对挫折和挑战

带孩子参加一些有意义的活动，如爬山、做志愿者、学习新技能（游泳、自行车等）；给孩子布置一些有挑战性的任务，鼓励孩子不怕失败、勇于挑战。让孩子在真实情景中亲身体验挫折的产生、发展和变化，体验克服困难的成就感，拥有战胜困难的信心和勇气。例如，多给孩子一些鼓励，时不时地和他一起回忆那些通过努力、克服困难的令人骄傲的过往，在日常生活中潜移默化地培养孩子坚强乐观的心态。

4. 让孩子在耳濡目染中习得抗挫折能力

每个孩子都是父母的一面镜子，父母要以身作则，为孩子树立榜样，教孩子学会应对挫折。家长也难免遇到不如意的事，应保持积极乐观的心态，热爱生活、热爱生命，努力克服生活中的挫折。除了家长的言传身教，还可以给孩子讲一些名人或身边同龄人勇于同困难做斗争的榜样故事，低年级的孩子可以通过陪伴他们读绘本等形式，让他们从中学习如何应对挫折。

实践应用

下面，我将提供一些模拟情境以及孩子可能会跟您交流的内容，请您结合交流目标和推荐技术（方法），思考应该如何回应。

模拟情境	当孩子这样说、这样做、这样想	推荐技术(方法)	您的回应
孩子在开始学习跳绳的时候遇到困难，好长一段时间都没学会。	妈妈/爸爸，我是不是永远都学不会跳绳啊？我不想学了。	理解孩子的心情，和孩子一起客观分析存在的困难，鼓励孩子坚持。	(示例)刚开始学习跳绳确实比较困难，这很正常，学习任何技能都需要一个过程，妈妈小时候刚开始学跳绳时也这样，你已经学得很不错了。只要我们坚持多练习，是肯定能学会的。
学校选拔国旗下演讲的同学，孩子由于声音不够洪亮没被选上。	妈妈/爸爸，我想在国旗下演讲，您能帮我给老师说说吗？	放手让孩子自己解决成长中的难题，鼓励孩子做到更好并尝试与人沟通。	
区里举行“抗疫”主题绘画作品大赛，孩子努力画了很久。可是，信心满满的作品只得到三等奖。	妈妈/爸爸，是不是努力也没有用？我可能什么事都做不好。	引导孩子回顾通过努力取得成功的经验，树立自信，讲述自己遭遇失败的经验和做法。	

结束语

每个儿童的成长都不可能是一帆风顺的。对孩子来说，失败或挫折绝非坏事，害怕失败而不敢行动，才是最坏的事。为何有些在困境中成长起来的儿童，能成功地走出一条美好发展之路？这取决于他们应对挫折的能力。父母应在日常生活中懂得放手，让孩子经历他该经历的事情、承担他该承担的责任，不要剥夺他们成长的机会。在遭遇挫折时，引导孩子用积极的心态看待挫折，拥有战胜困难的信心和勇气，找到战胜挫折的方法。更要以身作则，让孩子在耳濡目染之下，学会如何应对挫折。这样才能培养孩子的抗挫折能力，塑造良好的心理品质。

如何增强孩子的生命韧性

⊙ 师雪峰

导语

天气有阴有晴，月亮有圆有缺，生命的日子有晴天，也有雨天。作为父母，我们希望孩子在成长过程中一帆风顺，可是现实生活中孩子成长的路上经常会遇到不顺心的事情：学习成绩不理想、同学关系不和睦、亲子关系紧张、多元化信息时代给自己带来的“不适”……面对孩子成长中出现的这些问题，作为家长的我们忧虑重重，究竟应该如何应对呢？

心理学家认为，一个人事业成功必须具备高智商、高情商和高挫折商三个因素。在智商与别人相差不大的情况下，挫折商对一个人事业成功会起决定性作用。中学时代是一个人成长的关键时期，学生的生理和心理都发生着巨大变化。与孩子共同抵抗压力的岁月、想办法为孩子提升逆商的过程，对父母而言也是非常宝贵的经历。人们常说：“不经历风雨怎能见彩虹？”挫折是孩子人生非走不可的弯路，是人生的必修课，它不会等孩子长大才来。作为家长需要引导孩子学会接受挫折，对孩子进行正确的挫折观教育，增强生命的韧性，有利于孩子的生命幸福成长。培养一个内心强大的孩子是父母终极的责任。希望下面的内容能为大家提供一些帮助。

情景再现

学生小红上初中后一直非常努力地刻苦学习数学，她特别想在初一年级第一学期的期中考试中取得理想的数学成绩。为了这一目标，她经常不断地刷题，但是期中考试成绩下来后却发现自己数学成绩刚刚及格，心中很是郁闷。想想自己在小学时数学成绩经常是100分，上了初中这么刻苦努力，可是成绩竟然这样低！回到家，她坐在书桌前，看着试卷唉声叹气。她实在无法接受这样的成绩，觉得初中数学太难学了，也怀疑自己根本不适合学习数学。

众说纷纭

大家看完情景再现中小红的经历，是不是仿佛看到了自己孩子成长中的影子呢？孩子自己觉得很努力，可是最终成绩并不理想。就像情景再现中的小红，怀揣美好的愿望去努力学习数学，可是成绩并不理想。她遇到的这些阻碍、失利乃至失败就是人们常说的挫折。在养育孩子的过程中，面对孩子遇到的挫折，作为父母通常是如何处理的呢？曾经遇到过比较难解决的挫折是什么？是通过什么方法解决的？效果如何？值得反思学习的地方在哪儿？

小红为了考高分的心情是可以理解的。升入初中后，数学学习的正确方法是什么呢？有没有预习？课堂上有没有全身心听讲？课后有没有认真完成作业？有没有及时改正错题？有没有自己归纳总结学习数学的方法？初中数学和小学数学的难度区别到底在哪里？如果从这些方面引导小红思考，帮助她分析自己数学成绩低的原因到底是什么，采取针对性措施帮助她成长，效果会是什么呢？

其实，孩子成长的路上，有风雨、有坎坷、有挫折都很正常。挫折对人的影响具有两面性：一方面，可以增加个体的心理承受能力，吸取教训，从逆境中奋起；另一方面，挫折可以使人处于不良的心理状态，出现负向情绪反应，导致焦虑、愤怒和偏执等不安全行为反应。我们应尽可能减少挫折所带来的不良影响，帮助孩子学会坦然面对，考虑并接受最糟糕的结果，并积极寻找解决方法，增强生命的韧性，学会在挫折中成长。

还有，我们对孩子进行挫折教育的重点并不是挫折本身，而是孩子受挫后是否具备恢复能力，是否拥有无所畏惧的信心。正确的挫折教育是要培养孩子寻找幸福的能力，甚至任何困境下都能乐观面对，想办法解决，寻找前进的方向和动力，最大限度激发自身的潜能，最终战胜挫折，成为更好的自己。孩子升入初中后，学习和生活各方面都会发生很大的变化，作为父母一定要用心陪伴和帮助孩子形成正确的挫折观。

知识链接

正确的挫折观

（1）学会正确对待挫折，每个人都会面临挫折，冷静对待，挫折需要勇敢面对，学会接纳自己，学会分析战胜挫折的有利因素，激发自身的潜能，产生主动战胜挫折的心态和勇气，学会坚持。

（2）学会向身边的人寻求帮助，可以向家人、朋友、同学和老师寻求帮助，获得外部支持。

（3）学会换位思考，寻找解决挫折问题的新途径，学会调整目标，制定适合自己的合理新目标，尝试改变自己，在改变中学会成长。总之，逐步形成自己的心理修复能力、与世界和解的能力和自我成长能力等，增强生命的韧性，从挫折中学会成长。

启迪智慧

“每一只无病无灾、顺利成长的河蚌，只能作人美味。一颗小小的砂砾，给予河蚌伤痛的刺激，迫使它不断分泌物质来把这粒沙子层层包裹，岁月打磨，终于，河蚌孕育出最光彩夺目的珍珠。”

蚌病成珠的故事给我们的人生启示是什么呢？

挫折是孩子成长过程中“非走不可的弯路”，成长就是不断战胜挫折的过程。我们可以尝试从以下几个方面帮助孩子掌握增强韧性的方法，激发生命的调节力，战胜挫折。

知识链接

挫折

挫折一般包括三个方面：挫折情境、挫折认知、挫折反应。挫折情境一般指构成挫折的外部环境或外在条件，可能是某人或某物，也可能是各种自然、社会环境。挫折认知一般指人们对挫折情境的认识和评价。挫折反应主要指人在挫折情况下产生的烦恼、焦虑、愤怒等负面的情绪感受，以及相应的行为表现。其中挫折认知是关键因素，因为只有当挫折情境被我们感知时，才会在我们的心理上产生挫折反应。我们在生活中产生不同的感受和行为反应的主要原因是我们对挫折的认识和态度不同造成的。

——教育部组织编写，朱小蔓主编：《道德与法治：七年级上册》，人民教育出版社 2021 年版，第 106 页。

1. 与孩子谈心，与孩子共情

站在孩子的角度思考问题，帮助孩子适当宣泄情绪，缓解受挫的心理。父母是孩子最强大的支持者，多关爱孩子，与孩子好好说话，不过度期待，成为孩子内心的支撑，帮助孩子度过挫折期。

2. 帮助孩子改变对挫折的看法

分析挫折原因，做出调整改变，从而战胜挫折、实现目标。多发现孩子身上的闪光点，培养适合孩子的兴趣爱好，遇到挫折时可以用运动或者音乐等爱好减压。引导孩子从挫折产生的原因思考问题，针对原因进行抗挫折引导，思考哪些原因是自己能够改变的，哪些原因需要寻找帮助共同努力改变。

3. 发掘孩子自身生命的力量

培养孩子面对困难的勇气与坚强意志，增强生命的韧性，最终实现生命的价值。抗挫折的外因是稳定的家庭、父母的榜样作用、优良的学校环境；内因是自尊心、情绪调节能力、自我效能感、乐观性、社交技能。协调好抗挫折的内因和外因，帮助孩子学会在挫折中成长。

4. 家长需要学会成长

有的时候，孩子的许多行为都源于父母的教养，家长有正确的挫折观和良好的抗挫折能力，会潜移默化地影响孩子，父母热爱生活、内心强大可以成为孩子抗挫折的心灵源泉和动力。

总之，应对挫折的关键是战胜自我。遇到挫折，首先从自身寻找原因，寻求自己的改变，学会寻求帮助，父母的适时帮助特别有利于孩子战胜挫折。生活中我们经常看到竹子，竹子遇到台风也绝不会折断，第二天一早就能恢复到原来的状态。究其原因，是因为竹子富有韧性，因此不会折断，人生亦如此。

尝试应用

生活和学习中的挫折是孩子生命成长很重要的一部分。孩子因为外貌特征、学业成绩等会导致自卑，会对自我有错误认知；因为处理不好的人际关系会有困扰，如父母的过度期待带来的成见与偏见、家庭关系的变化

（如家庭二孩的到来）、新班级的新同学关系的相处等。父母是孩子生命中最重要的力量，家庭是增强孩子生命韧性的起点。作为父母，学会用心陪伴孩子的成长、学会耐心倾听孩子内心的感受、学会与孩子进行有效的沟通，帮助孩子共同面对人生不同阶段所面临的挫折，与孩子一起提升逆商。

知识链接

逆商

逆商（Adversity Quotient，AQ），全称逆境商数，一般被译为挫折商或者逆境商，是由美国教育大师保罗•斯托茨提出的，主要指一个人面对逆境时的挫折承受能力与反逆境的能力，一个人的逆境越高，越能化危机为转机。

懂得如何应对负面情况比设法拥有"正面心态"重要得多。

——马丁•塞利各曼（Martin Seligman）《活出最乐观的自己》（*Learned Optimism*）

请大家完成下表，真实记录孩子遇到的挫折情境及教育，记录自己增强孩子生命韧性的全过程，并学会反思，帮助孩子正确面对挫折，发掘生命力量，促进生命成长。

记录一个孩子遇到的挫折情境及教育

遇到的挫折			
	情绪	想法	行为
孩子的表现			
家长的做法			
反思提升	孩子的挫折属于哪一种挫折？不可选择的挫折？不易改变的挫折？不可逃避的挫折？我与孩子共同面对挫折时对生命有什么不同的认知？战胜挫折的时候我们如何增强孩子的承受力、调节力、修复力等生命的韧性？我今后如何用心陪伴孩子成长？		

孩子的行为绝大部分源自父母的教养，父母的行为和习惯对孩子的影响是最大的。要想孩子成为生命韧性强的人，父母自己首先要给孩子作榜样，正确面对人生的各种挫折，并及时与孩子分享对挫折的体验与认识。学做成长型父母，多学习、多思考、多与孩子沟通，用自己的人生经验与奋斗经历启发和引导孩子，用爱和陪伴帮助孩子养成受益一生的抗挫力，让孩子拥有一颗坚强的内心，拥有寻找和开创人生幸福的能力。

结束语

给孩子最安全的避风港，让他有勇气继续前进，是明智的教养方式。帮助孩子学会热爱生命，发掘自己的生命力量，让孩子拥有强大的内心，勇敢面对不可预知的未来。孩子不是我们的附属品，父母应适时放手让孩子面对人生，面对挫折。要激发孩子内心的潜能，教导孩子增强生命韧性，帮助孩子正确认识生命的独特性，发掘生命力量，学会在认识生命、构建生命、升华生命和温暖生命的过程中，体会他人生命与自我生命的紧密相连、休戚与共，学会感恩和珍惜自我生命与他人生命，最终懂得社会生命的拓展和精神生命的升华。

“父母是原件，家庭教育是复印机，孩子就是复印件，所谓的家庭教育，就是一个模仿的过程，父母就是孩子模仿的对象，双方都要有所改变，才能达到教育目的。”[①] 父母改变，孩子也会随之改变，父母是孩子身边最近的模范。让我们共同用心中的爱与责任守护孩子生命的成长之花，让它向阳而开，收获生命的韧性之美。

---

① 陈可卉. 孩子，别怕：给孩子受益一生的抗挫力.云南人民出版社，2012

孩子和同伴发生矛盾了，家长该怎么办

⊙ 曹娟

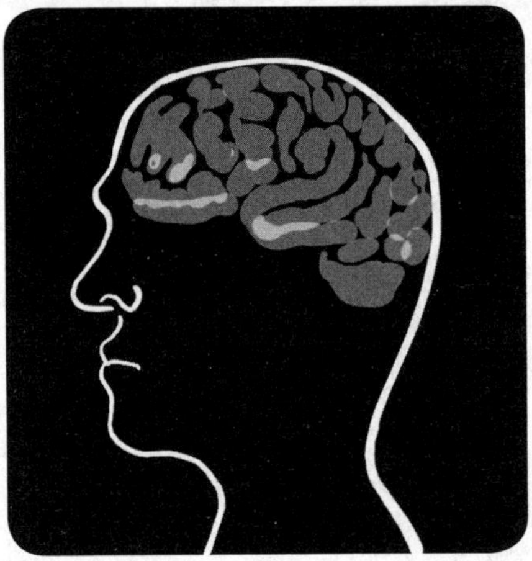

导语

每个父母都希望自己的孩子能有一个无忧无虑、快快乐乐的童年。但在实际生活中，孩子往往在人际交往中遇到这样或那样的问题，甚至有时会与其他孩子产生冲突。面对冲突，如果处理不好，容易引起情绪波动及危机事件伤人伤己。对此，有些父母会担心自家孩子被欺负，身心受伤害；常与别人起冲突的父母则会感到烦恼无奈。作为家长，我们该如何引导孩子处理人际关系的冲突，提高孩子解决问题和人际交往的能力呢？下面我们就来一起探讨吧。

情景再现

2018 年上映的电影《奇迹男孩》讲述了一个充满力量和温情的成长故事。故事的主人公奥吉是一个 10 岁男孩，除了头戴一个巨大的太空头盔外，他和其他同龄的孩子别无二致。头盔下隐藏了奥吉因各种手术而伤痕累累的脸庞，也成功防止了自己的模样吓到别的孩子。奥吉没有上过学，一直是母亲在家亲自教他知识。直到奥吉到了该上五年级的年龄，他进入了父母为他精心挑选的学校。不寻常的外表使他成为同学们讨论的焦点，也为他的人际交往带来诸多困难。但他因为宽广的知识面、聪慧的大脑，以及在科学课上出色的表现，在学校受到了老师和同学的赞许。这引发了同学朱利安的嫉妒，奥吉也因此受到了欺负。奥吉也想与同学们做好朋友，但是怕别人嫌弃自己，不知道怎样与同学交往，进入校园时总是形单影只。

幸运的是，在成长过程中，奥吉的父母、姐姐一直是他最坚强的后盾。在父母、姐姐、老师等人的支持与关爱下，奥吉凭借自身的勇气、善良、聪慧影响和激励了许多身边的人，他最终找到了自信，并收获了友谊、尊重与爱，成长为大家心目中不可思议的“奇迹”。

众说纷纭

现实生活中很少有奥吉这样的孩子，但孩子遇到同伴交往问题以及因为孩子的人际冲突导致家长的冲突事件却不在少数，孩子的同伴交往问题成为很多父母共同的烦恼。如果您的孩子经常在学校跟同学发生冲突，受了欺负回家哭诉；或者您经常被孩子班主任点名，说自己的孩子欺负同学，人际关系差，您会采取什么态度和行动呢？

有些家长可能会采取息事宁人的态度，虽然很心疼，但也没有好的方法。“遇到这样霸道的孩子，离他远一点吧。”

有些家长可能会气冲冲地为孩子出头，找到学校、找到老师，甚至直接找到对方家长当面质问。

随着孩子的成长，家庭这片区域对孩子来说已经不够了，他已经熟悉家里的每一个地方，熟悉家中的每一个人。他需要到社会上认识更多的人，了解更多其他的事物，所以这时候便需要同伴来帮助他。就像影片中的奥吉，他需要进入社会，通过其他人特别是同龄人的评价，或者交往的方式来确定自己的身份——比如，我在班级里是不是一个受关注的人？是不是一个受人喜爱的人？另外还可以通过人际交往学习个体技能与合作技能。

家长对于孩子人际交往中存在的问题，或认为是小孩子之间的玩笑而置之不理；或如临大敌，不分缘由地冲上前替孩子解决问题等方式，都是不可取的。其实，出现问题恰恰是孩子提高社会适应与沟通能力的最佳时机。家长需要用更科学的方式，帮助孩子提高人际交往能力。

启迪智慧

家长在遇到孩子人际交往的困扰时，如何给予正确的引导呢？

1. 创设家庭交往环境

在家里，需要家长营造一种民主平等、和谐交流的氛围，鼓励孩子敢说、爱说。无论家中大小事，多听听孩子的想法，尽量让他们参与讨论，让孩子敢于和大人说话。这样，当孩子走出家庭时，就有可能大胆地与人交往。

在日常生活中，当父母平静的时候，孩子也平静；反过来，当父母急躁的时候，孩子也急躁；当父母烦乱的时候，孩子也烦乱。孩子和大人之间会形成一个共同的场域。在这个场域里，孩子和大人是同频共振的。

知识链接

每个人的大脑里，都有一个重要的神经组织，叫“镜像神经元”，大脑会像照镜子一样，把观察对象的行为映射进来，然后做出跟观察对象一样的事。镜像神经元赋予人类一种模仿能力，使其能够在神经—心理反应上获得对观察对象的“同质化”，从而达到“人同此心、心同此理”的感受和理解。

父母处理人际关系的方式，孩子会潜移默化地习得，“身教重于言教”。因为孩子们不是在大人的说教中成长的，而是在他看见的环境中成长的。孩子们看见了什么，比成人教他什么更重要。父母平时的面部表情、动作姿态，乃至待人接物、人格修养，都是不说话的教育。比如：孩子有打人的行为，家长要反思是否平时有这样的行为？或者孩子在什么地方学会用打人来解决问题的？引导孩子学习与身边的人建立起良性的互动，主动帮助他人，加入同学的谈话或游戏，认真听大人说话并做出相应的回应，遇到困难主动求助，与大人协商解决冲突等，这些都有助于未来人际关系的经营。

2. 父母要做孩子的“翻译机”

如果孩子回家生气地说：“某某同学太可恶了，跟老师告状，我真是太讨厌她了。”父母要做的不是指责：“肯定是你做得不好，要不怎么告你的状，不告别人。”这样会让孩子更生气，觉得不被理解。反言之，父母说

“别生气了，我去找她算账”会更加重孩子的情绪感受，这种方法也是不可取的。我们可以从以下几个方面入手：

（1）通过共情稳定情绪

面对这种情境，我们要知道，此时孩子的大脑已经被情绪占据了，他们大脑中负责理性的部分——大脑前额叶已经暂时不起作用了。因此，这个时候家长要做的不是跟孩子说理或教育，而是首先要共情。家长可以说：“是啊，不想让别人知道的事，却被同学告诉了老师，真是很生气啊！”

（2）引导孩子看懂情绪背后的期待

当孩子感受到被理解了，他的情绪会慢慢缓和下来。接下来，我们可以再慢慢地引导和启发孩子去思考产生这个情绪背后的原因是什么。家长可以这样说：“你想让同学认可和支持你，但她不但没有认可，反而去告状，所以你很生气，那你希望什么呢？”这时，孩子的目光焦点就不是在生气的情绪上了，而是在自己想要什么上。

（3）启发孩子思考如何满足期待

当我们引导孩子发现他想要的其实是别人对自己的理解时，就可以继续问孩子：“那你如何能够做到这一点呢？”重新请他回顾当天的情况，想办法去解决矛盾冲突。

做孩子的“翻译机”，看懂孩子内心的期待，并启发他如何能够满足内心的期待。当他再次和别人发生误会冲突时，孩子会知道，不是去逃避或者跟他对着干，而是我期望别人理解，渴望被接纳，从而找到解决问题的方法。

3. 运用人际交往法则，处理交往中的问题

当我们帮助孩子从内心情绪层面看到自己和别人内心的期待时，他的情绪就慢慢地稳定下来，之后可以尝试使用人际交往的黄金法则和白金法

则来帮助孩子处理交往中的问题，获得较好的人际关系。

> 人际交往的黄金法则：
>
> 你希望别人怎样待你，你也要怎样待人。
>
> ——《圣经·新约·马太福音》
>
> 人际交往的白金法则：
>
> 别人希望你怎么对待他们，你就怎么对待他们。
>
> ——迈克尔·奥康纳

人际交往的黄金法则是以自我需要为出发点，推己及人。对人对事的要求是己所不欲，勿施于人。但在现实生活中，如果仅仅如此，是远远不够的，因为每个人看问题的角度和价值观并不完全相同。人际交往的白金法则需要我们站在别人的角度思考，站在别人的立场考虑问题。

在孩子人际交往的过程中，帮助孩子从这两方面思考问题，让孩子学习从他人的角度理解事情的真相，学会理解他人，在与他人相处的过程中学会从他人的角度出发去考虑发生的事情。既考虑自己的感受，又考虑他人的感受，同时考虑当时的情境。让孩子思考："如果我是他/她，在当时的情境下，我希望怎样？"

对于小学阶段的孩子，家长可以跟孩子以亲子互动表演的形式，让孩子扮演不同的社会角色，学会站在不同角度分析处理问题，了解他人的需求，体验他人的感受，从而达到提高交往技能的目的。

4. 多采用激励强化方法，塑造良性行为

外在的评价对孩子的行为具有很大的影响作用。小学阶段家长可以采

用激励强化的方法来强化孩子的社交行为或消退不当的社交行为。这就要求父母平时要注意观察孩子的社交行为并给予及时、准确的鼓励和反馈。

有的家长认为，孩子之所以不善于交往，是因为性格内向。实际上，内向和外向是不同的性格特点，并没有好坏之分，只是内向的孩子更需要加强自己人际交往方面的能力。

实践应用

1. 练一练

下面是一些模拟情境及孩子可能遇到的问题，请您结合上面谈到的几种策略和方法，思考该如何回应。

模拟情境	当孩子这样说	可以使用的方法	您的回应
“你需要用小刀，正好小芳有一把，她正在使用。她答应用完后就借给你用，可当她用完又交给了小强使用。”	小芳太坏了，下次我也不借她！	做孩子的“翻译机”，看到孩子内心的期待。	“是啊，答应别人的事情却没做，真让人生气。”
“小军很顽皮，看到你要进教室，他却故意把门锁上，让你进不来。”	小军太可恶了，我跟他没完！	运用人际交往的“黄金法则”和“白金法则”，从他人角度看问题。	“你希望小军不要这样对待自己，可以怎样做？”
“平时一直和你很要好的小涛，今天带了一个新的卷笔刀。你想借来看看，他却不肯借。”	有什么了不起，不就是一把破刀吗！		
“你的同桌把墨水瓶打翻了，把你的衣服溅得一塌糊涂，你又生气又心疼。”	他肯定是故意的！		

2. 演一演

下面是一些孩子在生活中可能遇到的情境，请您带领孩子进行角色扮演，认真思考，并讨论可行的解决方案。

（1）你在走路时被一名同学绊倒了，你该怎么做？

（2）你正在排队领午餐，一名学生在你面前插队，你该怎么做?

（3）你正在自己的座位上写作业，一名同学说你偷了他的蜡笔，你该怎么做?

（4）你正在操场上玩，一名同学总是过来打你，然后跑开，你该怎么做?

3. 资源推荐

（1）《谁能教育好你的孩子》（陈宁著，重庆大学出版社）

（2）《人际交往我能行——布马哥哥给孩子的成长书—第2辑》，（童心布马编著，北京理工大学出版社）

结束语

孩子的成长过程也是其社会化的过程。在孩子成长的过程中，难免与人发生摩擦，他们需要学习扮演不同的角色，处理和家人、伙伴、老师等各种人际关系。如何使孩子在社会化过程中提升良性的人际互动能力，形成良好的人际关系，需要家长的智慧和言传身教。家长要创设安全的家庭环境，给孩子一个同频共振的场，做孩子的“翻译机”，教孩子具体有效的社交策略，运用智慧去解决问题，帮助孩子获得更好的人际关系，促其健康成长。使其感受生命之间的相互影响，进而懂得尊重生命的价值，在友谊中焕发自己的生命光彩，发挥自己的生命价值，为他们种下一生幸福的种子。

如何引导孩子学会交友

⊙ 王菲

导语

当您看到曾经的“小豆包”已经成长为一名中学生，相信作为父母的您心里一定充满了自豪，期待着他们在中学的学习与生活中获取知识、收获成长。但是很多家长发现，原来那个围着我们说个不停的小孩不见了，他们喜欢紧闭房门，或享受自己安静独处，或与小伙伴诉说交流。孩子进入青春期后，同伴逐渐成为他们成长过程中的重要他人。真挚的友谊可以教会孩子尊重他人、取长补短，让他们更加尊重生命；真挚的友谊可以为孩子提供情感寄托，体会到温暖与支持，让他们更加热爱生命；真挚的友谊可以带给孩子正能量，获得战胜困难的勇气，让他们更加珍惜生命。那么，如何引导孩子树立正确的交友观念并学习建立和谐人际关系呢？希望本节内容可以带给您一些启示 。

情景再现

阳阳是一名初一女生，虽多愁善感却善良可爱。小学时的阳阳无忧无虑，同学们也很愿意找她聊天，她从来都不用发愁没有朋友。时间过得飞快，阳阳已经是一名中学生了，进入初中后她希望自己有一个新的开始。由于阳阳的性格比较内向、害羞，不太会主动交往，每当同学们三五成群、有说有笑地从阳阳面前走过时，她只能用羡慕的眼光注视着他们，低落的心情也影响着阳阳的成绩。细心的班主任老师发现了阳阳的苦恼，于是通过调整座位让阳阳和活泼开朗的班长小溪坐在一起。成为同桌后，阳阳发现自己与小溪有很多共同的兴趣爱好，两人越聊越投缘。小溪不仅经常在学习上帮助阳阳，还邀请阳阳和自己的朋友们一起玩，阳阳渐渐和大家熟悉起来，在学校里再也不是形单影只的一个人了。

一个学期过去了，阳阳变得更加自信、开朗，也愿意主动和同学们交流了。有一次，小溪在出板报时遇到了困难，阳阳主动帮她出谋划策，她整洁的字迹、优美的画作让小溪感到惊喜，也得到了老师和同学们的一致赞扬。从此以后，阳阳和小溪共同承担起为班级画板报的工作，两人合作完成的板报在学校评比中屡次获奖。

现在，阳阳觉得自己每天在学校都充满了力量，学习上遇到问题她会主动提问，成绩也提升了不少，爸爸妈妈看到她的变化欣喜万分。

众说纷纭

相对于小学阶段，中学时期的同伴共度时间显著增加，同伴关系的重要性也随之增加。可能在生命中没有哪个阶段的同伴关系会像中学阶段那么重要（Youniss & Haynie, 1992）[1]。许多研究也发现，在中学时期，同伴的影响首次超过了父母，如果缺少朋友或同伴关系不良，中学生就会感到孤独、自卑。这个时期的同伴关系对于绝大多数中学生的心理发展起着关键性的作用。良好的同伴关系有利于促进中学生自我同一性的形成和人格的健全，并促进社会价值观的获得和社会技能的发展；而同伴关系不良则可能导致中学生学校适应困难，甚至可能对其成年后的社会适应带来消极影响。

阳阳是幸运的，在成长的道路上遇到了细心、负责的好老师，还有热情、善良的小伙伴。在中学生的成长过程中，良好的同伴关系不仅有利于自我意识和健康人格的发展，还能够促进中学生的社会化过程。建立友谊需要经历四个不同的阶段，分别为友谊的“定向阶段”“情感探索阶段”“情感交流阶段”“稳定交往阶段”。下面我们就结合上文中的案例来深入了解一下。

第一个阶段是友谊的“定向阶段”，也就是中学生之间彼此注意、选择并初步交流的过程。案例中的阳阳是一个内向、害羞的女孩，不太善于与人交往，也不愿意主动表达自己内心的想法，错过了最初与同学们进行“友谊定向”的最好时机，因此在开学初没有很快交到朋友。而一些性格开朗、外向的孩子，由于情感外露、善于交际，则比较容易在新班级建立时就迅速找到伙伴，发展友谊。性格内向的孩子虽然不擅长表达，但并不是不会与人沟通，他们只是比较“慢热”。

第二个阶段是友谊的“情感探索阶段”。案例中，当阳阳发现与小溪有着共同的兴趣爱好之后，两人之间的交流就越来越多，同伴关系得到迅速发展。在这一阶段，随着交往次数的增多，孩子们发现彼此之间的交流话题有着共同点，不会常常收到来自对方的否定和不同意见，这样的交往就会持续下去。反之，如果孩子们没有共同话题，缺乏朋友之间的“相似性”，这样的交往可能很快就会结束。因此，无论您的孩子是外向、开朗的，还是内向、害羞的，您都要鼓励孩子不断尝试和交流，努力寻找与自己“志同道合”的小伙伴。

第三个阶段是友谊的“情感交流阶段”。随着阳阳和小溪之间交往的深入，小溪在学习上帮助阳阳，还带领阳阳和自己的朋友们一起玩，让阳阳变得更加开朗、自信。而阳阳则利用自己美术方面的优势帮助小溪出板报，两人合作得十分默契，体现了朋友之间的“互补性”——利用自身的优势帮助对方，弥补对方在某些方面的不足。通过这种互补与帮助，朋友之间交往的广度与深度会继续发展，能真诚地为对方着想，并发展为既善于赞美对方的优点也敢于批评对方的过程。内向的孩子比较善于观察、心思细腻而敏感，在指出朋友的不足时多数会采用委婉、间接的方式，对方易于接受。而外向的孩子则比较心直口快、不拘小节，在批评对方缺点时通常比较直截了当，有时可能引发对方的不满，不愿意接受，“友谊的小船”因而被打翻。所以，您可以提醒孩子与朋友对话时要注意换位思考，以对方能够接受的方式指出他们的缺点，让对方能感受到自己的善意。

第四个阶段是友谊的“稳定交往阶段”。当交往的双方能够包容对方的缺点，在心理上具备同一性或者说相容性时，我们就说友谊发展进入了稳定的交往。朋友双方能够更加全面而深刻地认识彼此，允许对方进入自己的私密领域，双方具备极高的信任感和安全感。一旦友谊能够进入这个阶段，彼此之间就可以称为“知己好友”了。如果您的孩子能拥有一两个这样的“知己好友”，那真的是一件非常幸福的事情！

在这里我们需要明确的一点就是：内向与外向是性格的一个维度。对于偏内向的孩子，您需要鼓励他们迈出与人交流的第一步，与朋友交往时勇于表达自己的内心感受，以免引起误解。对于偏外向的孩子，您需要帮助他们学会换位思考、友善沟通。

启迪智慧

中学生正处于青春期身心快速发展的阶段，也是从幼稚逐渐步入成熟的关键阶段。在此发展过程中，他们的心智发育还尚未成熟，面临着许多同伴交往中的问题。在中学生成长的过程中，随着学生独立感的增强，对于父母的依赖性逐渐减弱，进而转向了对同伴群体的依赖。随着同伴之间交往的加深，同伴关系可能会潜移默化地影响个体成长。另外面，中学时期，特别是初中阶段正是自我意识不断发展的时期，对于外界复杂多变的环境，还不能有一个清晰、准确的认识，缺乏对自身行为的判断依据。由此可见，在中学生的成长过程中离不开同伴群体的作用，同伴关系相处的好坏对学生未来人际网络的构建和心理发展等都具有重要的影响。

知识链接

自我同一性：由美国心理学家爱利克·埃里克森（Erik H Erikson）提出，根据埃里克森人格发展的八阶段理论，中学生（12—18岁）正处于“同一性——角色混乱”阶段。处于这一阶段的孩子会逐渐疏远自己的父母，从对父母的依赖关系中解脱出来，与同伴们建立亲密的友谊，从而进一步认识自己，也认识自己与他人在外表上与性格上的相同与差别。认识自己的现在与未来在社会生活中的关系，这就是自我同一性，即心理社会同一感。

1. 如何帮助孩子学会择友

作为家长，我们有责任帮助孩子学会择友，选择对自己成长和发展有所帮助的“益友”。那么，什么样的朋友才算得上“益友”呢？关于这个问题，孔子有一个经典的回答，即:“友直，友谅，友多闻，益矣。”这就是所谓的“益者三友”。

“友直”的意思是应该结交为人正直的朋友，他们会指出你的缺点，帮助你改进，并且为人坦荡，有着开阔的胸怀。“友谅”是指要与诚信的人交朋友，这样的人言行一致，诚实守信，是值得信赖的。“友多闻”则是指与知识广博的人交朋友，有助于增长自己的知识与见识。

您可以根据自身交友经验，和孩子聊一聊自己与好友相处的细节，讲讲从“益友”身上收获了哪些，以及您和朋友间相互支持、鼓励的故事。

2. 如何指导孩子建立并维系友谊

（1）有助于建立友谊的方法

①面带微笑。微笑，能缩短人与人之间的距离；微笑，是一种自我介绍，它展示了一个人的热情、快乐和亲和力。

②记住对方的名字。人们都把自己的名字看得很重要。准确说出对方

的名字，会令对方觉得被人关注和尊重。

③真诚夸赞。想与一个人成为朋友，他身上一定有吸引人的地方，真诚的称赞是对他的肯定和接纳。

④寻找共同之处。找到了共同的地方，自然就有更多共同语言。找到共同点并不难，如都热爱某支球队，去过同一个地方等。

⑤做一个耐心的倾听者。和朋友相处时鼓励对方多谈自己，可以更多地了解对方，也可以让对方感觉到他很重要。

⑥保持好奇心。朋友是个什么样的人？有着怎样的生活？与自己相似还是有很大不同？带着好奇走近对方，便有机会了解对方。

（2）有助于维系友谊的方法

①用心关怀对方。体会朋友的需要，在朋友需要的时候站到他的身旁，以行动向朋友表达关心和支持。

②尊重对方。每个人都是独立的个体，要给朋友一些空间，把握好彼此的界限和分寸。朋友之间需要坦诚相待，但这并不意味着毫无保留；给予朋友积极合理的建议，但不要替朋友做决定。

③正确处理冲突。冲突发生时，先保持冷静，然后相互协商、坦诚交流，寻找彼此能够接受的解决方式，将问题及时处理。不要把过错全部推给对方，要勇于承担自己的责任，学会换位思考，试着从对方的角度看问题。

尝试应用

家庭亲子互动——“我和我的朋友们”

您可以让孩子选择自己身边最要好的1—3个朋友，先在表格中填好他们/她们的名字，然后回答以下几个问题：

我和我的朋友们

	朋友1：	朋友2：	朋友3：
1.他/她最吸引你的优点			
2.他/她为你做的最让你感动的事情			
3.你为他/她做过哪些事			
4.当你们之间发生分歧时你会如何处理？			
5.未来如果你们升入了不同的学校，你们会如何维持友谊？			

当孩子和您分享与朋友之间的故事时，其实也在表达自己的“交友观”，我们会发现孩子最看重的还是朋友为人处世是否真诚、表里一致。您也可以让孩子反思自己是不是做到了对朋友的真诚与言行一致，是否能在朋友需要帮助时做到“雪中送炭”。最后，您也可以将自己的交友之道分享给孩子，让他们在成长的道路上拥有更加坚固而长久的友谊！

结束语

生命是一个持续的过程，过程的自由与幸福能使人感受到生命的美好，而中学时代正是生命旅程中的黄金时期，孩子们充满希望与能量，他们渴望友谊、珍视友谊。对于中学生而言，积极、健康的同伴关系，能够让他们学会彼此尊重、真诚待人、相互信任，治愈生命中失败与挫折带来的无力感，帮助他们体验生命的美好与力量。在与朋友谈天说地、互帮互助、共同进步的过程中，孩子们一天天长大，成为一名独立、有思想的青少年。作为父母，我们在教会孩子如何择友、交友之后，也需要给予他们相应的权利与自由去建立、发展、维系自己的友谊，去找寻人生道路上的知己好友。相信有您的保驾护航，孩子们定会在生命旅程中披荆斩棘，收获精彩的人生！

如何引导孩子与异性同伴交往

⊙ 赵延琦

导语

随着孩子一天天长大，他们终于迎来了人生中非常关键的一个时期——青春期。在这十几岁的花样年华里，他们开始关注自己的外表，注重自己在同伴（特别是异性同伴）心目中的形象和评价，他们有了自己欣赏、爱慕的对象，甚至可能已经悄然开启了一段青涩的情感经历……面对孩子与异性同伴的交往，作为家长，肯定有着很多担心与忧虑：他们是否早恋了？会不会影响学习成绩？有没有做出出格的事情？他们能否妥善应对这段感情所带来的不良后果？当孩子说起那个ta的时候，家长应该如何应对呢？希望这一章的内容能够为大家提供一些帮助。

情景再现

2019年，一部关于青春校园生活的电视剧《小欢喜》深受好评。在这部电视剧中有这么一段情节：当时方一凡和乔英子步入高中三年级，学校组织学生参加减压活动，而减压的形式就是拥抱身边的同伴。当两个孩子回家之后，乔英子因为纠结自己父母离异的事情，一时情绪崩溃，作为好朋友的方一凡便给予了一个温暖的拥抱。不料这一幕被双方的妈妈看到，因此误会他们早恋，还专门召开了严肃的家庭会议对他们进行“审问”。尽管两个孩子尽力解释，甚至发下毒誓，但双方父母仍然不信，两个孩子一气之下索性又一次紧紧抱在了一起。而实际上，他们确实只是“铁哥们儿”的关系。

众说纷纭

现实生活中可能不像影视剧中有那么多的巧合与夸张，但是上述情节中关于孩子与异性同伴交往的问题却成了很多父母共同的烦恼。如果您得知自己的孩子喜欢上了一个人，或者与一位异性同伴交往过密，抑或得知他们有着超越普通朋友的亲密行为，会持有怎样的态度，会采取怎样的行动呢？

相信很多家长对这种现象都会抱有一种严厉打压的态度。他们可能会这么教育孩子：

“现在应该以学业为重，不是谈恋爱的时候，等你上了大学再说吧……”

“早恋不仅会影响成绩，而且对身心健康有很大的危害，必须和ta断绝关系……”

“如果你不和 ta 分手，我就让你转学……”

“你才多大年龄啊，什么都不懂！”

而有的家长的态度则比较开放，对这种现象不以为意。他们可能会这么说：

“只要不影响你的成绩，随你喜欢就好。”

“只要你们的行为不会太过分，我就不会管。”

“在你们的交往过程中不吃亏就行。”

其实，孩子在青春期与异性同伴的交往是一个非常严肃且意义重大的问题，它不仅会直接影响孩子的日常生活质量，更涉及孩子自信心的建立、正确的两性观念的形成、健康生活方式的养成等重大人生课题，需要父母格外重视。

无论是打压还是纵容，都是不可取的。过分的打压，会忽视孩子正常的成长需求、破坏亲子关系、滋生孩子的叛逆心理，更可能引发心理学中所谓的“罗密欧与朱丽叶效应”，反而适得其反。过分的纵容，则不能让孩子对于美好情感与重要他人产生尊重、敬畏，甚至出现过早的性行为，对身体与心理造成不可磨灭的伤害。因此，父母需要在这两种极端中找到一种更为平衡、更为温和、更为严谨的应对方式，既能够充分尊重孩子的内心情感，又能够让他们学会尊重与珍惜心里的那个 ta。

知识链接

罗密欧与朱丽叶效应：在莎士比亚的经典名剧《罗密欧与朱丽叶》中罗密欧与朱丽叶相爱，但由于双方世仇，他们的爱情遭到了极力阻碍。但压迫并没有使他们分手，反而使他们爱得更深，直到殉情。所谓“罗密欧与朱丽叶效应”，就是当出现干扰恋爱双方爱情关系的外在力量时，他们会因此找到更多共同话题，共同经历磨难，使恋爱双方的情感加强，恋爱关系更加牢固。

启迪智慧

当孩子与父母说起那个ta的时候，父母如何给他们以正确的引导呢？

首先，如果孩子能够主动和您说出心中欣赏、爱慕的异性同伴，那么恭喜您，这说明您已经做到第一步——营造一种让孩子能够充分表达的家庭氛围。如果孩子和您交流较少，没有这种沟通的氛围，那么就需要通过发扬家庭民主精神、减少负面情绪表达、增加亲子互动等方法来营造了。说实话，这并不是一件容易的事情。

氛围有了，下一步呢？一说到与孩子交流关于两性交往的话题，可能很多父母都会感到非常尴尬，这种事情如何开口啊？说到什么程度比较合适呢？很多时候，父母就在这样的忧虑中错过了与孩子交流的时机。没错，时机很重要。当您从影视剧中、从广播节目中、从新闻中看到、听到了关于与异性同伴交往的内容，不失时宜地问一下孩子：“你对此怎么看？”话题不就打开了吗？接下来您需要充分倾听孩子的想法，用理解的神情与幽默的语言来打开孩子的心扉。比如，当您看到方一凡和乔英子抱在一起的时候，您可以这么说：“这两个孩子的前一次拥抱如春雨般温暖，后一次就是暴风雨，太淘气了！孩子，你有没有关系这么好的异性同学呀？”

当时机得当，终于从孩子口中得到关于那个ta的信息时，您可能不会满足于仅仅听到只言片语。面对青春期孩子愈发不愿与父母进行交流这一事实，我们可以借用心理咨询技术中的“自我暴露”技术来展开更进一步的沟通。

知识链接

“自我暴露”技术：主动说出一些自己的相关经历，来增进对方对自己的信任；产生示范作用鼓励其进一步吐露与探讨问题；帮助对方集中注意力，关注交流的关键部分；帮助对方获得有益启示，产生对同一问题的不同看法。

在父母进行“自我暴露”的时候需要注意以下几点：一、所讲述的关于与异性同伴交往的亲身经历的内容必须积极健康，能够给孩子以正面的引导；二、所讲述的内容要有具体的做法指导，而不是空洞的理论教育；三、在讲述相关经历时要有意识地强调并传达自己的价值观念和期望，积极寻求孩子对自己价值观念与期望的认同点，尊重孩子表达的不同意见。

往往在父母进行“自我暴露”之后，作为交换，孩子也会相应地把自己的经历与感受讲述出来。他可能会解释自己对ta的感受只是单纯的欣赏，与ta有着真挚的友谊；也可能会说出自己的困惑：如何让ta喜欢上自己、这样的情感是否就是爱情，等等；也可能会坦白与ta正在交往的事实，试探父母对此事的态度与看法。当孩子明确表达了关于异性同伴交往的困惑或交代了相关事实之后，父母需要有针对性地对男孩、女孩进行“责任教育”和“底线教育。”

相关研究表明，男孩和女孩对于异性同伴交往这一话题有着不尽相同的心理特点。男孩如果和一名女孩确认了交往的事实，或者仅仅只是在女生中有着较高的评价，那么就会产生一种骄傲与炫耀的心理，在同伴中获得威望与名声。而女孩有时则会为了自己获得更多的关注，让自己更受欢迎而选择与男生进行交往，在男生比较强势的情况下，甚至会发生超前性行为，给自己带来无可挽回的伤害。

对于男孩子，对其进行责任教育很有必要。需要让其了解责任感的含义与重要性，认识到自己需要对行为承担相应的责任，对家庭与社会履行相应的义务。有些家长对孩子进行的责任教育很有借鉴意义。

“我不反对你喜欢她，但是你需要明白自己是否足够优秀，是否有能力应对这段感情中产生的任何困难。”

“你可以买任何她喜欢的礼物，但前提是你需要有独立的合法的经济来源，靠自己的实力来支撑这段情感。”

“在感情中不能自私，不能只想着自己。如果你们做出了越矩的行为，会对她造成怎样的伤害？别人会如何看待她？”

对于女孩子，对其进行底线教育越早越好！需要让其知道哪些事情绝对不能触犯，如果触犯会对自己的身体和心理造成什么伤害，对于未来的成长与发展有着怎样的影响。有些事情必须如同“白纸黑字”一般刻入孩子的内心。

“在交往中，不能涉及任何与性器官有关的行为。”

“女孩子更需要保护自己，学会自尊自爱。如果自己看轻自己，那么谁都会看不起你。”

“如果一个男生以发生性行为为条件胁迫你，不同意就要和你分手，那么你需要立即与他断绝联系，必要时选择告知父母、老师，甚至报警。”

中国的家长往往“谈性色变”，觉得这种事情难以和孩子启齿。但事实证明，通过网络和各种媒介，孩子很容易接触到与性有关的内容。如果父母想要保护自己的孩子不受其负面影响，那么就需要正视这个话题，并且坦诚大方地与孩子交流相关内容。

我们来回顾一下，与孩子交流异性同伴交往话题时，您需要：①营造充分表达的家庭氛围（前提）；②找准恰当的谈话时机；③运用“自我暴露”技术深入交流；④适时开展责任教育和底线教育。

实践应用

1. 我该如何回应

下面将提供一些模拟情境以及孩子可能会跟您交流的内容，请您结合交流目标和推荐技术（方法），思考应该如何回应。

模拟情境	当孩子这样说、这样做、这样想	交流目标	推荐技术（方法）	您的回应
与孩子一起看电视，电视中男主人公正在向女主人公表白。	我也好想有这样一位男朋友/女朋友啊！	了解孩子心中是否有欣赏、爱慕的异性同伴。	接受孩子的想法；肯定孩子的感受；抓住交流的时机；用幽默的语言提出自己关心的问题。	
与孩子一起看电视，电视中男女主人公正在亲吻对方。	语言：好刺激！/好难为情！/好恶心！ 行为：更加聚精会神地看/捂住眼睛不敢看。	让孩子懂得与异性同伴交往时恰当的行为方式及其重要意义。	适时进行责任教育或底线教育。	
与孩子在大街上看见行为亲密的学生情侣。	面露羡慕/面露愁苦。	让孩子懂得与异性同伴交往时恰当的活动方式具有极其重要意义。	运用自我暴露技术，说一说自己在追求爱人时做过哪些积极的努力和有益的改变。	

2. 我要如何行动

古诗有云："纸上得来终觉浅，绝知此事要躬行。"不知道您读完本章节的内容之后，是否对自己曾经的做法进行了反思，又是否对以后的行动有所规划？让我们一起通过以下两个问题来总结并展望一下吧！

问题一：我是否能够知晓(从孩子本人处获知)孩子与异性同伴交往的相关信息？	是	我的成功经验有哪些？
	否	我将如何打开孩子的心扉？
问题二：当孩子与异性同伴交往比较……时，我需要如何引导？	比较困难	我会如此鼓励孩子……
	比较"活跃"	我会如此告诫孩子……

结束语

当孩子步入青春期，对父母的依赖变少了，与父母的交流变少了，他们更愿意与同伴交流、交往，更愿意从同伴那里获得肯定和支持。同时，随着生理与心理的逐渐成熟，他们会更加关注自己的外表，看重同龄人对自己的评价，对爱情有了懵懂的认识。在这样的前提下，开始与异性同伴交往是一件再正常不过的事情，父母不应该过分限制，更不能放任不管，而是应该因势利导，告诉孩子们正确的交往方式，让他们明白"越界"的不良影响，帮助他们从与异性同伴交往的经历中获得有益启示，为他们未来的成长种下健康与幸福的种子。

如何与孩子开口谈“性”

——全面性教育帮助孩子成为健康、阳光的少男少女

⊙ 王欢欢

导语

每一个孩子的成长过程中，性的发育都伴随其中。提到性教育，您会有怎样的感受和想法呢？在对孩子开展性教育的过程中，您是否会有这些疑问：“关于性发育的问题，孩子是不是长大自然就知道了？真的有必要给孩子讲吗？”“我该什么时候给孩子进行性教育，又从何谈起呢？”“我怎么讲才是科学的、真正适合孩子的性教育？”“性教育就是防性侵教育吗？”“我怎么做才能让孩子远离性伤害，健康快乐地成长呢？”让我们带着这些思考开启这一节的内容。

情景再现

小可在幼儿园的时候，就很好奇：为什么男孩站着小便，女孩蹲着小便？小可喜欢多多，说长大了要和多多结婚。上小学了，小可发现男孩和女孩就要分开上卫生间了，这是为什么呢？每次去游泳的时候，她发现女孩都是穿裙子泳衣，男孩却只穿一个小短裤。看到家里小猫生宝宝了，就很好奇地问妈妈，我是从哪里来的呢？我是怎么来到这个世界上的？今年五年级了，小可发现很多同学都来月经了，自己还没来，这是怎么回事呢？男孩和女孩在一起就会“打”起来，但还总想和异性同学一起玩，这又是为什么呢？在成长的过程中，小可有各种各样的问题，想和妈妈讨论。

众说纷纭

随着身心不断发展，小可会产生各种各样的好奇和疑问。面对孩子和性有关的问题，有的家长认为没必要给孩子开展性教育，等孩子长大了自然就会明白，自己小时候也没有接受过性教育，不也照样长大了！有的家长甚至担心孩子接受了性教育，会变得性早熟。有的家长听专家说性教育非常重要，很想为孩子解答，但是总觉得难以启齿，又不知道该如何开展。有的家长可能会借助一些书籍、视频来给孩子看，但是自己会觉得有点不好意思。

其实，当孩子有关于性的困惑提出时，家长的态度尤为重要。如果每次父母都是真诚、平静的态度来对待孩子的问题，那孩子也会把性教育看成自然而然的事情。孩子每次有困惑的时候，都可以从父母那里获得解答，那将来他 / 她遇到更多的与性有关的问题，就更愿意寻求家长的帮助。如果我们遮遮掩掩、支支吾吾，甚至责骂孩子，那孩子就会觉得自己做错了事情，他们就会转向其他渠道（如网络）来寻求答案，我们就失去了给孩子提供科学、健康性信息的机会。

启迪智慧

性教育是引导人们在人生各阶段，成为健康、自信、快乐的男性和女性，能够幸福地度过一生的教育。性教育不仅仅是预防性侵的教育，因为仅仅对孩子进行防性侵的教育会挂一漏万，有的话题也不好开口。全面的性教育不仅是性器官发育的生理教育，还包括因为生理发育带来的身体、性别、关系、安全和审美等心理和社会层面的教育。全面、科学的性教育不仅不会让孩子性早熟，反而可以帮助孩子拥有健全的人格，为幸福人生奠基。

家长们需要掌握性教育开展的时间、形式和内容等相关方面的知识。

1. 什么时候开展

很多家长会觉得，我的孩子才刚上小学，开展性教育是不是太早了，应该等到青春期的时候再开展。其实，当孩子问自己是男孩还是女孩的时候，性教育中的性别教育就已经开始了。所以，当孩子有困惑的时候，就是进行性教育的好时机。一般可以先从问句开始。比如，孩子问:“卫生巾是什么？”家长先不要慌张，可以问问孩子“你从哪里知道的这个词？”孩子可能是在广告上或者超市里看见的。家长可以告诉孩子:“妈妈每个月都会来月经，需要用卫生巾确保不会把裤子弄脏。来月经不是生病了，反而说明身体很健康。”

2. 用什么样的语言

我们在给孩子进行性教育的时候，内容和方式要适合孩子的发展水平。比如，当小学中低年级孩子询问“妈妈你怎么流血了，疼吗？”这个问题时，家长可以说：“不疼，在妈妈肚子里有一个叫子宫的器官，它特别爱干净，每个月都会打扫卫生，这是身体不需要的血液，排出来说明身体很健康。”对于中高年级的孩子而言，家长就可以告诉孩子：“妈妈这是来月经了。每个女孩长大了都会这样的，这说明女孩长大了，正在为将来做一个妈妈而准备。对于女孩而言，这是一件值得庆祝的事情。”

3. 用什么样的形式

对小学低年级的孩子来说，绘本是很好的选择。例如《小威向前冲》《宝宝的诞生》《乳房的故事》等，就可以帮助孩子理解精子、卵子、怀孕等基本概念。对于小学中高年级的孩子而言，家人可以给孩子买一些性教育方面的书籍让孩子阅读，如《从尿布到约会》，最好是亲子共读。家长也可以找一些合适的视频、动画，如《父与子的性教尬聊》和孩子一起观看。不管是书籍还是视频材料，最好是家长先认真学习，做到心中有数，再和孩子一起交流。这个过程不仅可以帮助孩子了解自己的性发育，而且还能增进亲子关系。

4. 讲到什么程度

对孩子进行性教育是一个循序渐进的过程，孩子身体发育到一定阶段就会产生相应的困惑。一般遵循的原则是孩子问多少，家长答多少，确保孩子的问题得到解答就行。下面这个表格是按照孩子发育的特点，列出的各阶段主要的性教育内容。

学段	性教育内容
1—2 年级	1. 人体各系统器官名称和基本功能（包括两性生殖器官）。 2. 人类生命诞生与爱和感恩、生育过程。 3. 认同自己的性别，接受社会的基本规范（如懂得男女要分开上厕所）。 4. 理解对自己身体权利的内容（可以做的事情，会受伤害的事情），理解尊重自己和他人的含义（不做违背自己或他人意愿的事情）。 5. 隐私部位（泳装范围内）意识和如何保护（防止游戏中生殖器受伤，洗澡、更衣避开他人，不在公共场所大小便，医生体检有家长陪伴）；尊重他人隐私（进入他人房间前要敲门，不触摸和窥看他人隐私部位）。 6. 与人交往中预防性侵害的方法（在父母不在情况下，与邻居家大孩子、与父母的同事和邻居家的大人单独相处时，要注意的身体距离、礼貌、举止、方法和环境）。
3—4 年级	1. 个人卫生常识（身体，特别是男孩女孩的外阴卫生）、方法及重要性。 2. 悦纳自己的身体和性别，积极发扬本性别的优势。学习社会性别规范。 3. 个人性权利的内涵，保护好隐私器官在人生中的意义。 4. 媒体信息的不真实性原因，选择对自己身心健康认知发展有益的信息。 5. 同龄人交往中的自我保护（游戏、体育活动）。
5—6 年级	1. 两性生殖器官的基本功能（卵巢、子宫、睾丸、阴茎）。 2. 身高增长情况，生长加速原因，青春期发育各阶段特点，第二性征。女性月经意义及经期卫生保健常识；男孩遗精意义和保健常识。 3. 与异性交往的态度（尊重、负责）、方法与礼仪（一般异性、喜欢自己的异性、自己喜欢的异性）。 4. 魅力男生与女生的内涵，男孩和女孩形体美与健康，适合自己年龄特征、性别特征的服饰才美。 5. 性骚扰和性侵犯的识别，防范方法（自己的穿着，在公交车上、人群中、上下学路上对性骚扰的防范与应对措施等），性侵犯中的求助与救助的途径和方法。 6. 识别漫画、书刊、网络等媒体的不良信息，在父母帮助下建立对不良信息抵制的自控能力，避免受黄色信息的影响。

资料来源：北京市中小学性健康教育项目组编制：《性健康教育大纲（讨论稿）2019 年版》。

尝试应用

在对孩子开展性教育的过程中，您难免会遇到一些困惑。下面的一些资源也许可以帮助您。

资源推荐

在“网易云课堂”上有一个系列的免费课程，叫作“性教育课程体系”。它以联合国教科文组织《国际性教育指导纲要》为指导，涵盖 6—24

岁青少年应该了解的性教育核心信息，包括价值观、态度和技能，文化、社会和人权，人际关系，人体发育，性行为，性与生殖健康六方面的全面、科学、系统、准确的内容，里面有适合孩子的儿童性教育课程，您可以推荐给孩子来看，也有适合家长的性教育课程，您可以根据需要，选择合适的内容进行学习。

结束语

性是伴随孩子一生的命题，孩子的性和我们成年人眼中的性有很大差异。孩子的性就是身体发育带来的困惑，包括身体的、心理的、关系的，等等。我们要试着以孩子的视角来理解他们，当我们能够给孩子积极、健康的性教育时，就能够最大限度地避免孩子从网络等其他途径获取错误的性知识，能够引导孩子看到生命成长的美好，学会保护自己、珍爱生命，这对孩子的身心健康成长、正确价值观的树立、未来建立幸福家庭都将起到积极的推动作用！

当孩子对性话题感兴趣时，家长怎么办
——全面性教育助力孩子度过美好青春期

⊙ 王欢欢

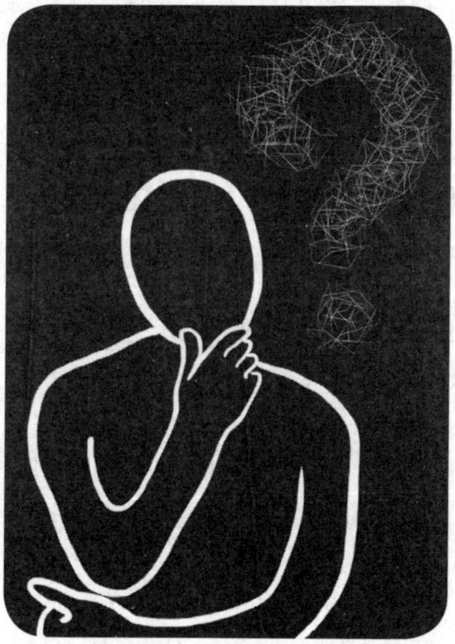

导语

在青春期，孩子的身体正发生着剧烈的变化，随之也会产生很多心理变化。对每个孩子而言，青春期都充满着各种探索的可能性。这些“探索”对其父母而言，也往往充满挑战。提到“青春期性教育”，您有怎样的感受呢？作为家长，您是否会困惑和好奇：“我该如何帮助孩子正确认识身体的变化？又该如何帮助孩子调整身体发育带来的不适感？”“我该如何合理看待孩子与‘性’有关的行为？又该如何引导孩子了解生命成长的规律，珍爱生命？”就让我们带着这些思考开启这一节的内容吧。

情景再现

小可刚上初中的时候，她的个子就开始长起来。从那时起，她就变得格外关注自己的形象，每次出门都要照半天镜子。乳房的发育让她感觉有点不好意思，所以总会含着胸，生怕别人看出什么。而“大姨妈”的到来，也让小可有些手足无措。另外，小可在看书、看电视的时候，还经常多愁善感，情绪像过山车一样起起伏伏；还经常因为一些小事和家长吵起来，事后又觉得没什么，但自己也不知道为什么当时会那么激动。很多小秘密也不愿意和家长说了，总觉得家长不能理解。她的好朋友多多后来也开始进入变声期，声音又粗又沙哑，脸上还冒出了很多痘痘，像月球表面似的……为此，多多也很苦恼。小可和多多的关系也有了一些微妙的变化，不再像小时候两小无猜、亲密无间。她很想做一些事情，吸引多多注意，但是走得太近了，又担心同学们议论说他俩在“谈恋爱”。小可也很困惑，该怎么样和多多相处呢？在成长的过程中，小可好希望有个过来人能给她一些建议和帮助呀！

众说纷纭

随着青春期的到来，尤其是性激素的影响，青少年的身体会发生剧烈的变化，与此同时，他们的心理也在发生剧烈的变化。就像案例中的小可和多多一样，他们的身心发展进入一个新的不平衡的阶段。所以，青春期的青少年需要在这个阶段不断调整自己来适应身体以及周围一切的变化。有的家长觉得孩子进入了青春期，应该给孩子普及一下青春期的性知识，给孩子开展合适的性教育，但是自身知识储备不足，不知道该如何对孩子进行性教育；有的家长则担心性教育会让孩子过度关注自己的身体变化，同时也觉得进行性教育不是特别必要的，认为孩子长大后自然而然就会明白了；还有的家长读了很多性教育的书，也参加了一些专家讲座，但是每次想和孩子谈谈性时，又不知道该如何入手，总觉得难以启齿……在小可和多多的关系方面，大家也有不同的看法。有的家长认为，小可和多多从小一起长大，他们还是应该保持异性交往，发展异性友谊；有的家长觉得应该保持距离，毕竟到了青春期，异性交往距离过密容易出现“早恋”问题。

启迪智慧

青春期是孩子生长发育过程的重要时期，青春期的性成熟对于人一生的发展非常重要。父母是孩子的第一任老师。当孩子进入青春期，在迷茫中很渴望能得到家长的指引，也很渴望能从家庭中获得力量。所以，父母开展家庭性教育，对孩子顺利度过青春期有重要意义。下面是在开展家庭性教育时的一些要点，希望对您有帮助。

青春期性教育的要点

1. 什么是青春期性教育

青春期性教育不仅是生理知识的教育，还包括如何正确地看待身体发育、如何处理身体发育带来的情绪问题、如何恰当地处理异性关系、如何做到尊重他人与自我保护等心理、道德、审美、安全等领域的全面的性教育，归根结底是性价值观的教育。

2. 谁来开展

青春期的身体发育对于青少年来说，心理会存在比较羞涩、紧张的情况，他们特别渴望作为过来人的父母能够给予一些关怀和指导。由于激素影响，青春期的孩子对异性变得敏感。所以，在开展家庭性教育时，同性别的家长会相对更容易一些。比如在男孩首次遗精之前，爸爸可以提前给孩子讲讲相关知识；当孩子首次遗精之后，爸爸可以带着儿子庆祝一下，让孩子感受到作为男子汉的自豪。青春期的女孩在情感上会更加细腻、敏感，这时，如果能与母亲建立良好的亲子关系，关于身材发育、异性交往、自我保护等很多心里话就能得到表达。

3. 如何开展

要开展家庭性教育，家长应该先要储备一定的青春期性健康知识，对青春期孩子的性发展特点及容易出现的问题做到心中有数，这样在和孩子沟通的时候才能做到有理有据。

在和孩子谈论性相关的话题时，家长要做到自然、大方，坦诚地和孩子交流，避免支支吾吾、遮遮掩掩。家长要尝试站在孩子的角度思考问题，了解孩子究竟好奇什么。如果遇到不懂的问题，可以和孩子一起学习，切忌不懂装懂。当家长能够以正确的态度开展性教育，孩子也会自然接受。

关于家庭性教育的形式也是自由、灵活的。家长可以挑选一些书籍送给孩子，也可以尝试给孩子写信、发微信等形式来引导孩子。一起和孩子看一场关于青春的电影，聊聊主人公的梦想、情感、烦恼等，也是不错的方式。

青春期常见的性教育问题及策略

1. 身体发育的焦虑

当青少年的身体发生剧烈变化，比如女孩的月经、男孩的遗精现象，如果这些是他们之前不太清楚的，那就可能导致焦虑的产生。所以，我们要尽可能在孩子来月经、遗精之前给孩子普及一些身体发育的知识，并用积极的态度庆祝孩子的身体变化，让孩子感受到生命成长的美好。另外，青春期的身体发育存在个体差异，当一些女孩发现周围人还没有变化，而自己已经发育的时候，会不由地产生疑惑甚至焦虑。而有些发育较晚的男孩也可能面临自卑、焦虑的问题，他们可能会觉得是自己有问题。作为家长，首先要安抚孩子的情绪，并在此基础上告诉孩子每个人发育的早晚和速度并不一致；同时，给孩子讲讲在青春期可能会发生的身体变化也能很好地帮助孩子缓解焦虑，迎接、接纳自己的变化。

2. 色情制品的诱惑

对于性生理迅速发展的青少年，黄色网站和黄色书籍等色情制品无疑是巨大的诱惑。当发现孩子接触这些色情制品时，家长宜疏不宜堵。首先不要惊慌、指责孩子，这样会让孩子产生强烈的自责感，甚至会认为自己道德败坏而产生更加强烈的负面情绪。比较合适的做法是在恰当的时机了解一下孩子看这些色情制品的原因。如果他们是为了获得性知识，家长要告诉孩子，这些制品中的知识很多是不科学的，甚至是错误的。可以让孩子说说得到了哪些性知识，正好帮孩子澄清一下，也使孩子意识到不能从这些地方获得性知识。家长可以给孩子选购更科学的书籍，并告诉孩子色情制品的目的之一是刺激人的性欲，使人成瘾，便于不断挣钱。成瘾会严重伤害人的身体，对发育中的青少年不仅不利，更会影响正常生长发育。如果孩子是为了满足自己的性感受，家长可以和孩子讨论这样做是否对自己的学习、生活产生了负面影响，还有没有其他办法来释放自己的能量。比如告诉孩子，运动是释放压力、健康身心的好方法。可以尝试和孩子一起跑步、打球，让孩子养成丰富的兴趣爱好，减少对性的关注。

3. 帮助孩子远离性骚扰

家长有责任和义务教会孩子保护自己，远离性骚扰。首先，要帮助孩子识别危险情境。当有人在行为、言语或态度方面做出一些和性有关的举动让自己感觉不舒服时，比如地铁上异性故意触碰自己的身体、聚会时朋友说黄色笑话等，要迅速离开。其次，教会孩子说“不”。告诉孩子，不要碍于情面而不敢拒绝，“如果一些熟人，甚至男、女朋友要求你做一些你不喜欢的事情，要勇于拒绝。一些真正在乎你的人，不会强迫你做任何你不喜欢的事情”。最后，为孩子提供安全的家庭氛围和大方谈“性”的空间。一旦孩子遭受侵害，能够得到及时抚慰和援助，并告诉孩子：受到伤害无论如何都不是他（她）自己的错。

尝试应用

在对孩子开展性教育的过程中，难免会遇到一些困惑。下面的一些资源推荐给您，希望对您有帮助。

书籍推荐

（1）《读懂孩子》（边玉芳著，北京师范大学出版社）

（2）《和孩子谈谈性》（白璐，中国妇女出版社）

（3）《妈妈说给青春期女儿的悄悄话》（沧浪，中国妇女出版社）

（4）《爸爸说给青春期儿子的秘密话》（沧浪，中国妇女出版社

前两本书适合家长阅读，可以用来补充自己的知识、更新观念。后面两本适合亲子阅读，里面的一些话题可以帮助您打开亲子沟通的大门。

影片推荐

有时候，与孩子开口谈“性”，对于一些父母可能存在一定困难。一部非常优秀的印度性教育短片《父与子的性教尬聊》推荐给您，这里不仅有性知识的巧妙讲解，父母面对孩子的性话题时的态度更值得借鉴。您可以作为性教育的知识储备自己先观看，也可以在此基础上邀请孩子一起观看，一起分享，并传递给孩子一种信念：性的发育是生命的自然规律，值得尊重。

结束语

青春期是孩子一生中最灿烂、明亮，也充满挑战的时期。性成熟是青春期非常重要的发展任务，青春期的性教育不仅是性生理的教育，还包括性心理、性道德、性价值观等方面的全面性教育。在青春期，如果缺乏家庭性教育，孩子容易对性发育感到神秘、羞耻、压抑和困惑，甚至做出一些不恰当的行为。家庭性教育在青春期开展得当，能够帮助青少年走出身心发育的迷茫，建立正确的性观念，

学会尊重他人与自我保护，这将对孩子的终身发展都有益。对很多家长来说，性教育可能是一个敏感话题，但又是孩子成长中绕不开的事。万事开头难，当我们迈出一小步，可能就会对孩子的成长有所助益。当我们可以和孩子大方、自然地谈“性”时，孩子很多的好奇就可能在安全的氛围中解决。希望在充满挑战与迷茫的青春期，我们能与孩子一道携手成长！

如何培养孩子的责任担当，提升其生命意义（小学篇）

⊙ 石伟　张娜

导语

我们经常会看到这样的孩子：他们注重个人表现却缺乏团队意识，注重学习而忽视责任担当。培养孩子的责任意识与担当精神在孩子生命成长历程中究竟意味着什么呢？日常生活中，您是否有意识地培养孩子的责任意识与担当精神呢？本节将与您探讨如何引导孩子在探索和实践中树立正确的人生观、世界观和价值观，在逐渐融入社会、承担责任的过程中实现生命的价值。

情景再现

在一次家长聚会上，五年级的几位家长就培养孩子有这样一番对话：

小贾妈妈说：“我跟孩子说了，学习好是最重要的。学习成绩将会决定孩子的未来。孩子上学期间就负责学习，别的什么都不用管。”

小新爸爸说：“一招鲜，吃遍天。孩子必须有一技之长。家长要帮助孩子通过特长发展走向成功。”

小苗妈妈说：“孩子必须全面发展。女孩子琴棋书画样样都要学，艺不压身。我们家的周末排满了课外班，我可不能让孩子输在起跑线上。”

小睿爸爸说：“我觉得培养孩子的责任心最重要。一个对自己负责、对他人负责、对社会负责的孩子，干什么都错不了。”

话音刚落，所有的家长都沉默了……

众说纷纭

以上几位家长的发言反映了当今一些家庭教育的观念。每个家长的说法都有一定道理，成绩优异、学有所长、多才多艺……这些都是我们对孩子美好的期许，但是与培养孩子的责任心这种品格培养相比，它们就显得苍白渺小了。

回顾2020年的新冠肺炎疫情，让无数人深切地感受到生命与幸福的珍贵。但是仍然有很多讯息在不断敲击着我们的心灵：一些孩子对待生命是何等轻率，以致一朵朵鲜艳的花尚未绽放便已凋零……无论是品学兼优，还是平凡普通，只有生命存在，才可能拥有幸福的人生。珍爱生命的教育可以从培养责任担当开始。试想，一个对自己负责、对家人负责的人又怎会走上不归之路呢？家长要引导孩子怀揣责任担当，将自己的生命价值与家人的幸福、社会的进步、国家的发展紧紧相连，进而激发孩子对生命的热爱。

启迪智慧

人类本身的社会属性决定了我们必然要与自然、社会及他人产生密不可分的关系，要生存和自由，就必须肩负一定的责任。自我价值是指在个人生活和社会活动中，自我对社会做出贡献，而后社会和他人对作为人的存在的一种肯定关系。自我价值的实现必然要以对社会的贡献为基础，以回馈社会为目的，即：责任。

对自己的责任感、对家庭的责任感、对社会的责任感、对国家民族的责任感和对自然的责任感等内容统称社会责任感。社会责任感是在后天的学习、培养、践行中习得的，这是一个从低级到高级，从简单到复杂，由表及里的复杂的演化过程。作为家长，我们该怎样培养孩子的责任感，提高孩子的价值感呢？

1. 明确方向，培养责任

家长首先需要明确培养目标。如今，部分家长更多地是关心孩子的身体健康和学习成绩，忽略了对孩子品格的培养。青少年的责任感培养在家庭教育中往往被忽视。家长对孩子关于责任感教育的理念、方法及内容，对孩子树立意识、掌握方法、具体实践有着极其重要的影响；因此，家长培养孩子责任感的理念、方法及内容的关键就是要根据孩子的实际情况因材、因地、因时施教。

2. 提升素养，做好表率

家长的行为就是孩子成长的范本，是孩子观察模仿的内容，是家庭教育最好的模板。家长要不断提升自身的素养，珍爱生命，对自己负责；孝亲爱子，对家庭负责；勤奋工作，对岗位负责……这些都对培养孩子的责任感和担当意识有着潜移默化的影响；所以，家长应充分发挥作为启蒙老师的正向榜样作用。

3. 学习榜样，树立目标

家长带领孩子广泛了解优秀人物甘于奉献、勇于担当的先进事迹。同时，应以自己的实际行动（如参加公益活动等）为孩子做表率，帮助孩子树立正确的价值观，引导并激励孩子努力自觉履行个人的责任和义务，让孩子在助人、服务活动中感受奉献的快乐。

4. 创设机会，提升能力

在家庭教育中逐渐培养孩子作为家庭成员承担家务，养成责任意识，提升劳动能力是一个漫长的过程。建议家长可以从以下几点着手：

（1）给孩子创造主动承担的机会

让孩子学习做自己应该做的事情，这是培养孩子责任意识，让他精神自立的第一步。父母要放开手脚，给孩子实践和获得价值感、成就感的机会，帮孩子形成主动承担的良好意识。

（2）让孩子学做力所能及的家务

做家务是家庭中每一个成员应尽的责任和义务。让孩子从倒垃圾、洗碗、扫地、擦桌子这些家务活开始，培养孩子的责任感与关爱他人之心。

（3）引导孩子尝试独立解决问题

家长要引导孩子自己解决问题，不依赖父母。培养孩子的选择意识和独立思考解决问题的能力。在可控范围内，让孩子承担选择的后果。从为自己负责发展到为他人负责、为社会负责。

5. 社会体验，提升价值感

树立责任意识，提升担当能力需要家庭、学校、社会携手共育。多元的社会体验，丰富了孩子对社会的认识，也在帮助孩子认知自我、认识他人、感知社会，从而形成由独立个体向社会化转变的过程。孩子参与不同形式的社会活动，在体验中能够感知自我优势或不足，感受付出带来的内心愉悦，或从外界评价中获得反思经验，提升自我价值认同。同时，社会经验的积累，可以帮助孩子更有热心、同情心，在实践中学会爱自己，爱别人。服务他人的过程，就是提高个人价值、增强自我认同感的过程。形成完善的人格后，在生命价值与社会责任感的融合中，孩子会更加自信，更易感受世界的纷繁变化，快速更新知识，完善知识储备。这些即是成功的要素，即自信与追求。

尝试应用

实践是孩子成长的有效途径。在家庭生活中承担适当的劳动任务，在社会活动中承担一定的工作职责，在小团体中担任力所能及的工作，都是孩子乐于参与的。作为陪伴在孩子身边的亲人，我们一起来完成下面的拼图。

拼图一　一项家务劳动

项　目：________________________________。

孩子的表现：________________________________。

我提供的帮助：________________________________。

孩子想说：________________________________。

我发现：________________________________。

拼图二　一项学校活动

项目：________________________________。

孩子承担的工作：________________________________。

孩子的收获：________________________________

________________________________。

我发现：________________________________

________________________________。

拼图三　一次社会活动

孩子曾经参加过的社会活动有：________________________________。

________________________________。

孩子最喜欢的社会活动是：__________，因为________________

________________________________。

我发现孩子在活动中________________________________。

在家庭、学校和社会活动中，孩子逐渐形成自己的社会角色，实践中的得失帮助孩子逐步找到自己的角色定位。在“我的发现”中，您是否能归纳出孩子最擅长的工作，抑或是孩子最感兴趣并愿意坚持做下去的事情？孩子的每一次承担，都是在心中播下责任和勇气的种子。孩子在实践中积累下的经验更是增强能力的养分，正如破土而出的竹笋，不断吸收土壤中的养分，才能耸立林间。

如果将孩子的成长比喻成一艘远航的船舶，他所必备的品格、能力……就是船上的货物。这条船上需要装载什么呢？请您跟孩子一起讨论、绘画、填写。

结束语

当代社会的教育环境异彩纷呈。孩子在您的陪伴下，透过家庭认识社会，在学校里学习必要的技能，在活动中积累经验，在挑战中磨炼勇气，在志愿服务中学会关注社会……一个知识丰富、有责任心，肯担当、有能力的孩子将会更好地融入社会，有更广阔的发展平台。当然，培养责任心不是一朝一夕的事情，需要我们与孩子一起不懈努力——学习对自己、对他人、对集体负责，进而在未来实现对家庭负责、对祖国负责。相信孩子的生命也将随之焕发出更加夺目的光彩！

如何引领孩子绽放生命的光彩

⊙ 都艳红

导语

进入青春期后，孩子们开始越来越多地关注自身的价值。他们越来越多地参与家庭讨论、决策，越来越多地与同龄朋友交往，越来越多地关心社会热点，甚至国家大事、世界局势；同时面对纷繁的世界，物质生活的丰富，网络信息的发达，学业的压力，孩子们也会迷惘、焦虑，有的孩子学习缺乏动力，甚至失去活着的勇气……家长作为孩子的第一任导师，怎样对其进行引导，才能让孩子更好地感悟生命的价值，活出生命的精彩，在实现自我价值的同时，又能够温暖他人、照亮他人，肩负社会责任？我们在这里给您提供一些借鉴。

情景再现

2020年1月，新冠肺炎疫情暴发，已经84岁高龄的钟南山院士再次出征，为我国打赢疫情防控阻击战做出了重要贡献。钟南山强烈社会责任心的培养，与他父母的影响是分不开的。

钟南山的母亲廖月琴是一位充满爱心的知识女性。钟南山小的时候，读书并不上心，还经常逃课。偶尔有一次，他考得还不错，母亲便鼓励他说："你还是行的啊！"1955年，钟南山的一位同学考上了大学，却没有路费。钟家也不富裕，但母亲听说后，还是拿出10元钱资助这名学生。要知道，当时的10元钱，至少相当于现在的1000元。钟南山说："我同情弱者、乐于助人的这些善举，就是从母亲的言传身教中得来的。"

钟南山的父亲钟世藩是一位儿科专家。他治学严谨，医术精湛。为了进行医学研究，钟世藩买了几百只小白鼠养在家中，自己细心喂养，进行医学试验，并且取得了一定的成果。给人看病，钟世藩总是千方百计为病人着想，能少开药就少开药，能用便宜药就不开贵的。病人痊愈后，都非常感激。每逢这时，钟世藩就会非常快乐。受父亲影响，钟南山逐渐认识到行医看病、济世救人的美好，并培养了认真严谨的作风和对他人负责的良好品格。这些品质对他后来成为医学家起了非常重要的作用。

张桂梅年轻时，性格开朗，爱说爱笑爱美。她与丈夫在云南大理一所中学快乐地工作、生活着。天有不测风云，丈夫突然患了癌症，永远地离开了她。张桂梅非常伤心，申请离开伤心地大理，到边远的丽江市华坪县民族中学工作。可才到华坪半年，她被查出患了子宫肌瘤。因为无钱治病，张桂梅决定放弃治疗。然而，学校的同事和当地乡亲们没有放弃她，他们三块、五块地捐款，为张桂梅凑足了钱，帮她治好了病。

张桂梅重新燃起了生活的希望，这一次，她决定不仅仅为自己而活。她说："我的生命是由这块土地上的父老挽回的，我要用生命回报乡亲们的厚爱。"她发现，当地重男轻女观念较重，女孩辍学率非常高。于是，张桂梅创办了华坪女子高中，免费接收学生，让这些贫困家庭的女孩子通过知识改变命运，彻底阻断贫困在低素质母亲与低素质孩子间的恶性循环。

张桂梅的办学之路非常艰难。为了筹措经费，她像乞丐一样四处求人募捐。有一次家访，她摔折了两根肋骨。当选为党的十七大代表，政府拨给她 7000 元钱作为服装费，她转手给孩子买了电脑，自己则穿着破了两个洞的牛仔裤走进了人民大会堂。有一次重病住院，县长来看望她，她说："我能不能提前预支自己的丧葬费，我想看到这些钱用在办学上。"

张桂梅带领同事拼搏十几年，华坪女高的条件越来越好，近 2000 名女孩从这里走进了大学的校门，永久地改变了命运。因为贡献突出，张桂梅被党中央授予"七一"勋章。在代表获奖者发言时，张桂梅说："只要还有一口气，我就要站在讲台上，倾尽全力、奉献所有，九死亦无悔！"

众说纷纭

青少年该如何承担起社会责任，让生命的成色更加亮丽？钟南山院士和张桂梅校长为我们做出了表率。钟南山和张桂梅能够做出这样的选择，主要源于他们自身强烈的责任感、使命感。

钟南山院士医者仁心，正是父母言传身教为他的精彩生命涂上了厚重的底色。父母的责任担当、鼓励支持，潜移默化地培养了他的社会责任感，塑造了他勇毅力行的担当精神。因为勇于担当，2003 年，在非典疫情最严峻的时刻，钟南山站了出来，说出那句至今让人记忆犹新的话："把最危重的病人送到我这里来！"因为心中有责、心中有爱，2020 年，他再次逆行武汉。在担责尽责的过程中，钟南山成为全民偶像，网友们称他"有院士的专业，有战士的勇猛，更有国士的担当"。

张桂梅的转变则源于父老乡亲们的爱。父老乡亲们将她从死亡边缘挽救回来，张桂梅觉得生命不再是自己的，自己有责任、有义务去回报大家、回报父老。于是，她拖着病弱的身躯，开始了自己的办学之旅、奋斗之旅。在这一过程中，张桂梅感受到了自己生命的价值，激发了自己生命的力量，让她不仅有勇气与病魔抗争，同时也为更多的孩子创造了学习的机会，改变她们的命运，让这些贫困山区的女孩找到生命的意义，绽放自己的精彩，张桂梅的生命价值也更加厚重。

生命是一个逐渐丰富的过程，青少年时期会奠定人生最重要的底色。青少年能否确立良好的责任感，对于丰富生命、提升价值极为重要。但很可惜的是，很多家长对此没有正确看法。有的家长主张青少年应以学习为重："孩子的主要任务是学习，其他的事情等考上大学再说。"还有的认为，随着年龄增长，人自然就会成熟，责任感自然而然就有了，等等。

正是在这种思想的指导下，许多青少年没有确立良好的责任感，成了"妈宝""巨婴"。他们有的把自己封闭起来，不愿意、不善于感受生活之美，沉湎于狭小的世界不愿意出来；有些跻身啃老族，成了精致利己主义者；有些自私冷淡，不尊重他人生命，也不尊重自己的生命。这些问题追根溯源，与孩子青少年时期没有形成正确的生命价值观，没有强烈的责任心是有直接关系的。

作为家长，我们眼睛不能只盯着孩子成绩，还要关注孩子成长，帮助孩子认识生命的意义，相信每个孩子作为独一无二的生命个体，会有自己的花期。爱孩子，就要帮助孩子插上自信和自强的翅膀，勇敢追求自己的人生梦想，在生活中、学习中学会对自己负责、对家庭负责、对他人负责、对社会负责。要通过言传身教，潜移默化地影响孩子，帮助孩子身心健康发展，让他们在承担责任中感受被肯定、被需要，让孩子找到自己内在生命成长的力量，从而认识到生命的意义和价值，认识到生命仅有一次，生命不仅仅属于自己，只有在服务奉献社会中才能实现价值，绽放出属于自己生命的精彩。

启迪智慧

每个人的生命都有自己独特的使命。作为父母，我们不可以掌控孩子的生活，却可以帮助他们的人生之舟行稳致远。

以身作则，行不言之教。父母和家长首先要以身作则，用自身的优良品德去感染、带动孩子。否则，说教的言辞越生动，在孩子眼中就会越虚伪。家长做在前面、潜移默化，孩子耳濡目染，就会模仿学习。若父母热爱生命，经常主动帮助他人，孩子也会逐渐建立利他和助人的心理倾向。

支持孩子交往。孩子与同伴交往，不存在孩子与父母那种特殊的血缘关系和情感关系，他们之间的交往是绝对平等的。这时，孩子才能从以自我为中心中被解放出来，在关注自身的同时，也开始关切他人的生命，学会互相关心、友爱、谦让、助人，学会遵守规则、服从权威，学会相互合作、善待他人。

让孩子学会对自己的行为负责。青春期的孩子容易犯错，家长应该帮助孩子及时承认自己的错误，并承担起相应的责任，这对于培养责任感和担当精神有很大帮助。

鼓励孩子履行家庭和学校义务。家庭是社会的基本单元，做家务本就是家中每个人的共同责任。学校和班集体是孩子生活的“小社会”，是培养锻炼青少年的重要场所。鼓励孩子从小学着为家庭、为班集体尽一份心力，先从和自己相关的事情做起，再扩展到其他人，有助于帮助青少年懂得在生活上要相互帮助、彼此关爱，学习上互学互助、共同探讨，有利于形成“我为人人、人人为我”的责任感。

鼓励孩子的亲社会行为。送人玫瑰，手有余香。培养青少年亲社会行为，鼓励他们以真诚的态度、积极的行动，关爱他人、奉献社会，养成良好的生活习惯，有助于培养健康人格，有助于培养责任心和爱心，形成正确的价值观，使他们能有效地参与竞争与合作、更好地与人交往，获得他人和社会的接纳和认可。而这些，对青少年成长和发展，具有极为重要的意义。作为社会成员，我们只有主动关心社会、积极融入社会，倾力奉献社会，才能实现自己的人生价值。

知识链接

亲社会行为又叫利社会行为，是指人们表现出来的一些有益的行为。人们在共同的社会生活中经常会表现出类似这样的行为，比如帮助、分享、合作、安慰、捐赠、同情、关心、谦让、互助等。亲社会行为是人与人之间在交往过程中维护良好关系的重要基础，对个体一生的发展意义重大。

实践应用

近年来，在互联网的时代大背景下，微公益利用了互联网大众性、传播迅捷等特点，真正实现了公益的平民化、常态化。“微公益”更成为人们的一种生活方式，传递了人人公益的理念。我们家长不妨和孩子一起就共同关注的问题制定一项微公益活动计划，和孩子一起坚持做下去。例如，关注生物保护和低碳，可以参与宣传物种保护知识，积极参与垃圾分类等，让人与自然和谐共生；关注教育，可以向边远山区捐献图书，帮助更多的孩子享受教育的权利，让知识改变命运；关注社会发展，关注北京冬奥，参与志愿活动等。

通过制订活动计划，参与活动、总结收获等方式，家长用身体力行去影响、教育、鼓励孩子参与社会实践，提高社会交往能力，增强社会责任感，帮助孩子健康成长。

也可以放下手机与孩子一起参与共读一本好书或共看一部好电影等活动。

结束语

家庭是人生的第一所学校，是培养青少年成长的摇篮。家长对孩子教育的理念、方法及内容，对孩子探索生命价值、培养社会责任感有着极其重要的影响。家长要通过言传身教、鼓励表扬、实践带动等多种方式，强化生命价值教育和责任感培养，让青少年既了解人类的生命价值，又了解自然界中其他生命的价值；既关注自身生命，又关注、尊重、热爱他人的生命；既注重自我价值的满足，又注重社会价值的提升，帮助青少年明确自己的人生目的、承担自己的社会责任、注重自己的人生体验，以创造性活动赋予生命的无限意义，活出人生的精彩。

参考文献：

[1]（美）爱德华·欧·威尔逊．王芷、唐佳青、王周等译．生命的多样性．长沙：湖南科学技术出版社，2004.

[2] 学生生命与心理教育指导小组．学生的生命教育与自然教育．沈阳：辽海出版社，2011.

[3]（美）简·尼尔森．玉冰译．正面管教．北京：京华出版社，2008.

[4] 蒋奖，许燕，蒋苾菁，于生凯，郑芳芳．父母教养方式问卷（PBI）的信效度研究．心理科学，2009，32（1）:193–1196.

[5]（美）玛丽·凯·里琪．林文静译．可见的学习与思维教学．北京：中国青年出版社，2007.

[6]（美）威廉·斯蒂克斯鲁德，奈德·约翰逊．叶壮译．自驱型成长．北京：机械工业出版社，2020.

[7]（英）菲利帕·佩里．洪慧芳译．真希望我父母读过这本书．北京：中信出版社，2020.

[8]（美）卡罗尔·德韦克．楚祎楠译．终身成长．南昌：江西人民出版社，2017.

[9] Daniel T. Willingham. 赵萌译．朱永新审校．为什么学生不喜欢上学．南京：江苏教育出版社，2010.

[10] （美）马歇尔·卢森堡.阮胤华译.非暴力沟通.北京：华夏出版社，2018.

[11] 季为民，沈杰. 青少年蓝皮书：中国未成年人互联网运用报告（2019）.北京：社会科学文献出版社，2019.

[12] （美）奥古斯都·纳皮尔，卡尔·惠特克.李瑞玲、后浪译. 热锅上的家庭.北京：北京联合出版公司，2020.

[13] （美）盖瑞·查普曼.王云良译.爱的五种语言：创造完美的两性沟通.北京：中国轻工业出版社，2006.

[14] Dennis Saleebey.李亚文、杜立婕译.优势视角：社会工作实践的新模式.上海：华东理工大学出版社，2004.

[15] （美）伊丽莎白·库伯勒·罗斯.林瑞堂译.你可以更靠近我.成都：四川大学出版社，2011.

[16] 叶奕乾.现代人格心理学.上海：上海教育出版社，2005.

[17] 刘金花.儿童发展心理学.上海：华东师范大学出版社，1997.

[18] 边玉芳.读懂孩子：心理学家实用教子宝典（12–18岁）.北京：北京师范大学出版社，2014.

[19] （美）保罗·史托兹著，石盼盼译，张妍、孙淑颖审译.逆商：我们如何应对坏事件.北京：中国人民大学出版社，2019.

[20] 陈可卉.孩子，别怕：给孩子受益一生的抗挫力.昆明：云南人民出版社，2012.

[21] 方聆.提高抗挫力：培养内心强大的孩子.北京：中国纺织出版社，2019.
[22] 朱小蔓主编.道德与法治：七年级上册.北京：人民教育出版社，2020.
[23] （美）露丝·韦尔德曼·贝古恩.美国中小学生社会技能课程与活动.北京：中国青年出版社，2014.
[24] （美）大卫·麦克米兰.聂晶等译.我的情绪我做主.北京：中国轻工业出版社，2011.
[25] 宁福芝.中学生和谐人际关系团体心理辅导实操指南.昆明：云南人民出版社，2012.
[26] 朱小蔓主编. 道德与法治：七年级上册. 北京：人民教育出版社，2016.
[27] （美）阿黛尔·法伯，伊莱恩·玛兹丽施，肯伯力·安·蔻（插图）.安燕玲译.如何说少年才会听，怎样听少年才肯说.北京：中央编译出版社，2013.
[28] 唐玉霞.家庭教育对青少年社会责任感培养的作用研究，新疆师范大学2015年硕士学位论文.
[29] 王守萍.小学生社会责任感养成教育研究，考试周刊，2014（15）:164–165.
[30] 段小磊，薛秀琴.在家庭中培养孩子的责任感，幼儿教育，2003（15）:41.
[31] 王红兰.在家庭教育中培养孩子的责任感，好家长，2011（2）:24–25.
[32] 吴倬.人的社会责任与自我实现——论自我实现的动力机制和实现形式，清华大学学报：哲学社会科学版，2000.